Falls Sie die Informationen aus diesem Buch für sich anwenden möchten, behandeln Sie sich selbst, was Ihr freies Recht ist. Autor und Verleger legen die Verantwortung in Ihre Hände und übernehmen keine Verantwortung für Ihr Tun und dessen Folgen.

Die Deutsche Bibliothek – CIP-Einheitsaufnahme
© KOHA-Verlag GmbH Burgrain
Alle Rechte vorbehalten – 1. Auflage August 2000
Illustrationen: Lucie Deinzer
Titelbild: David Luzin
Autorenfoto: Ute Boeters
Lektorat: Franz Simon
Gesamtherstellung: Karin Schnellbach
Druck: Wiener Verlag
ISBN 3-929512-72-6

Peter Greb

GODO®

Mit dem Herzen gehen

Der Gang des neuen Menschen

Schon Platon sagte:
Wollen - Denken - Fühlen
sind Kräfte der Seele.

Inhalt

Vorwort von Fredrik Vahle	9
Mein Weg mit GODO	17
Der Mensch ist ein Ballengänger	25
– Erfahrungen als Arzt	25
– Der Schreitreflex	27
– Die ersten Schritte	29
– Das Nachahmungsverhalten	30
Analyse des Gehverhaltens	33
– Die platonischen Seelenkräfte und GODO	33
– Ruhen	34
– Wollen	35
– Denken	36
– Die Gestik des Hackenganges	37
– Das »sogenannte« Marschieren auf der Stelle	40
Die Gestik des Ballenganges	43
– Fühlen	43
– Zur Ruhe kommen	44
– Vom Denken zum Danken	45
– Gang und ICH-Entwicklung	47
– Fallangst, Ego und Über-Ich	53
– Das Selbst	57
– Emanzipation und Emotionalkörper	58
– Forschung und Erkenntnisse durch Beobachtung	64
– Wie sieht es bei Urvölkern aus?	70
Entwicklungsgeschichtliches	73
– Reptilhirn und Fersenbein	73
– Gang und Sprache	76

– Schwangerschaft, Geburt und »sensible Phase«	79
– Landgeburt, Macht – Ohnmacht, Trotzverhalten	84
– Wassergeburt	90
– Der Wasseraffe	97
Füße, Mode und GODO	101
– Lotosfüße	102
– Geschichte der Hackenmode	103
Wie lerne ich am schnellsten GODO?	109
Der praktische Erfolg von GODO	112
– GODO Fitness	120
Eine Fallgeschichte	113
– Die wundersame Heilung eines achtjährigen Jungen	113
Erfahrungen mit GODO	129
– Aus meinem GODO-Tagebuch	134
– Einsseinerfahrung beim Gehen	136
Schlusswort	139
Die Ausbildung zum GODOpäden	143
Literaturverzeichnis	147

Vorwort von Fredrik Vahle

Vom Gehen

Eine etwas seltsame Begegnung: Da stand ein langer Mensch mit einem langen Bart und redete von den Wasseraffen und von seiner eigenen großen Entdeckung der verlorengegangenen natürlichen Gangart des Menschen, die es neu zu entdecken gelte und die er »GODO« nannte. Nein, was er lebhaft verkündete, hatte keineswegs einen langen Bart. Das kam frisch daher, und vor allen Dingen, es hatte Hand und Fuß. Besonders Fuß, es war, nachdem er die zu eng gewordene Praxis des Schulmediziners verlassen hatte, seine eigene Lebenspraxis geworden. Und das machte mich hellhörig.

Außerdem hatte ich mich schon selbst mit dem Phänomen »Gehen« befasst, und so brauchte Peter Greb noch nicht einmal offene Türen bei mir einzurennen. Er konnte durch sie hindurchschreiten. Ich merkte aber auch schnell, dass nach der ersten euphorischen Einsichtsseligkeit ganze Berge von eingefleischten Konditionierungen sichtbar wurden, angesichts derer mir der Rückschritt in gewohnte und vertraute Gangarten verlockend und scheinbar naturgemäß erschien.

Dabei hatte meine Aufmerksamkeit für das Gehen schon eine etwas längere Geschichte. Das fing u. a. an mit meinem Habilitationsvortrag zum Thema »Sprachliche Kreativität«. Darin hatte ich mich mit der Bedeutung des Gehens für die Entstehung von Poesie beschäftigt. Hatte doch z. B. eine Autorin geäußert: Meine Gedichte entstehen im Gehen. Mit den Füßen auf der Erde und mit den Wörtern im Kopf. Daraus ein Rhythmus und schließlich die sprachliche Form. Oder ein anderer: Ich denke liegend, komponiere im Gehen, schreibe stehend und schreibe sitzend ab. Eine Äußerung von Federico Garcia Lorca kam mir in den Sinn: »Die einen dichten, während sie ihrer Wege wandeln, die anderen dichten am Schreibtisch und betrachten dabei die Wege durch verbleite Fensterscheiben.« – Und von hier ist es nur ein kleiner Schritt zu einem gerade heute wieder bedeutsam gewordenen Gedanken von Nietzsche: »So wenig als möglich sitzen, keinem Gedanken Glauben schenken, der nicht im Freien geboren ist und bei freier Bewegung, in dem nicht nur die Muskeln ein Fest feiern. Alle Vorurteile kommen aus den Eingeweiden. Das Sitzfleisch ist die Hauptsünde gegen den Heiligen Geist.«

Aus dieser Perspektive lässt sich auch die Geschichte der Philosophie mit anderen Augen sehen. Waren nicht die zentralen Gedanken der frühen griechischen Philosophie im Gehen bzw. in den Wandelhallen und -gängen entstanden? Gab es dann auch Perioden, in denen sich die Philosophie auf den Hintern setzte und die Welt durch verbleite Fensterscheiben betrachtete, z. B. die Scholastik? – Und dann lässt sich auch ein Blick auf die Religionsgeschichte werfen. Wurden die großen religiösen Entwürfe eines Buddha und eines Jesus nicht im Gehen konzipiert, als beide Wanderprediger waren und durch die Lande zogen bzw. auf dieser Erde wandelten? Ist das die Bewegung der Verwandlung? Freilich wurde das Leben Jesu dem Vernehmen nach frühzeitig beendet, und Buddha machte sich als Abt eines Klosters sesshaft. Merkt man das seinen Lehrreden verschiedentlich an? Und doch ist er das große Vorbild, bezeichnenderweise so vieler Meditierender, geblieben.

Ich selber hatte mit der Sitzmeditation so meine Schwierigkeiten: Schmerzen in den Beinen und stets wandernde Gedanken. Da wurde ich vor einigen Jahren auf die Gehmeditation aufmerksam gemacht: »Um Frieden jedoch finden zu können, musst du dir jeden deiner Schritte bewusst sein. Dein Schritt ist deine wichtigste Aktivität. Er entscheidet alles.« Und das sagt der buddhistische Lehrer Thich Nhat Hanh. Und das heißt doch auch, dass sich die Art meines Gehens auch auf meine Mitwelt auswirkt: Manchmal denke ich, dass unsere Art zu gehen, zu stehen, zu sitzen und die Dinge zu betrachten, Auswirkungen hat auf die Tier- und Pflanzenwelt. Wieviele Tier- und Pflanzenarten sind schon ausgestorben durch die Schäden, die wir unserem Lebensraum zugefügt haben.

Das Leben des achtsamen Gehens war für mich ein neuer Zugang zur Meditation, eingedenk jener Ahnung, dass meine Ahnen eher von langbeinigen wandernden Jägern und Hirten abstammten, die alle doch etwas Schwierigkeiten mit dem Lotussitz hatten, ihn allerhöchstens als Schneidersitz kannten. Andererseits rückte für mich mit dem achtsamen Gehen auch die motorisch-psychische Seite des Gehens mehr in den Vordergrund: Wenn das Kind zum Gehen herangereift ist, kommt mit der Körperbewegung auch die Geistesbewegung, die Sprache. Um Gedankengänge zu denken, müssen wir zuerst das Gehen lernen. Und das Gehen wiederum erfordert gedankliche Impulse. Ein Wechselprozess also. Wir gehen mit den Beinen und denken mit dem Kopf – das lässt sich in diesem Kontext auch umkehren: Wir gehen mit unserem Kopf. Das chinesische Schriftzeichen für »Mensch« symbolisiert einen Gehenden.

Können wir heute noch achtsam gehen, oder müssen wir immer nur vorwärts kommen? Mit Energie und einem gewissen Trotz, so wie wir es eben gewohnt sind – und das zwingt uns in den Fersengang hinein bzw. lässt ihn als einzige Alternative erscheinen. Vielleicht stammt diese Gangart, die selbst bei den sogenannten »Naturvölkern« anzutreffen ist, von der ersten Landnahme des Menschen in der neolithischen Revolution her, als der Mensch Land als sein Eigentum nahm, prüfte, abschritt und es schließlich kannte. Wozu sollte er es denn noch wie der vorsichtig schleichende Jäger erspüren und erfühlen? Eigentum kennt man, und es braucht nicht immer wieder kennengelernt zu werden. Wohin das führt, wissen wir. Die Gegenbewegung dazu ist die alltägliche Achtsamkeit. Aber selbst Hugo Kükelhaus, der mit seinen Fußerlebnispfaden und seinen Gedanken über die schlimme Vernachlässigung des Fußes die Grenzen des Gewohnten in Richtung Verlebendigung unserer Organe und Sinne überschritten hatte, geht davon aus, dass »Gehen ein ständig aufgefangener Fall ist«. Das klingt nach Fersengängerperspektiven. Dabei kann absichtsloses, achtsames Gehen durchaus in die eigene Mitte führen, kann man in dieser Weise auf sich selbst eingehen. Und das ergibt ein eher fließendes Gleichgewicht. Deutlich spürte ich dieses fließende Gleichgewicht, als ich einige Vorübungen zum Gehen nach der Feldenkraismethode praktizierte. Und es ließ sich zudem feststellen, dass ein solches bewegliches Gehen eine der Urformen des Tanzes darstellt. Ein wunderbares Erlebnis. Und so wie man bei allen Formen des Dynamischen, beim Rückwärtsgehen, Über-setzen, Steigen, Schleichen, mit den Füßen tastend in den Ballengang geht bzw. übergehen muss, war es auch hier. Der Ballengang erschien als natürliche Fortbewegungsart. Und hierauf bezieht sich die große

Entdeckung von Peter Greb, die doch eigentlich etwas Selbstverständliches artikuliert. Aber weder Kükelhaus noch Feldenkrais und selbst die meisten Formen der Gehmeditation samt der unterschiedlichen Arten des Gehens im Tai Ji konnten an diesen Punkt gelangen. Und das ist gerade aufgrund ihrer Ansprüche, Beweglichkeit des ganzen Menschen zu erfassen, erstaunlich. Vielleicht ist die Zeit dafür gerade auch in all den genannten Bereichen jetzt reif geworden!

Der Fersengang ist also uralt und inzwischen auf der ganzen Erde verbreitet. Eben auch bei den Naturvölkern hat er Einzug gehalten, obwohl in der Praxis von Jägern und Sammlern, in Tanzritualen und in anderen Tanzformen, der Eurhythmie z. B., der fühlsame Ballengang weiterlebt. Aufgrund seiner Verbreitung und seines Alters erscheint der Fersengang den meisten Menschen als die einzige vernünftige Gangart. Aber vielleicht verhält es sich damit ähnlich wie mit dem Kochen, der die Molekularstruktur unserer Nahrungsmittel radikal verändernden Hitzebehandlung. Etwas, was wir seit Jahrtausenden als etwas ganz Natürliches empfinden, ist es vielleicht doch nicht so ganz. Die Büchse der Pandora, der ersten kochenden Hausfrau in der griechischen Sage, spricht eine deutliche Sprache. Inzwischen haben die lebenslangen Untersuchungen und Experimente von Jean Claude Burger auch den wissenschaftlichen Beweis gebracht, dass es sich mit rohköstlichen, naturbelassenen Lebensmitteln sehr gut und sinnvoll leben lässt. – Nur, was sollen die anderen dazu sagen, die in ihrem Leben andere Schwerpunkte gesetzt haben bzw. auch setzen mussten. Achtsames Essen und achtsames Gehen allein sind noch keine Eintrittskarte ins Paradies, und noch nicht einmal in ein im Ganzen sinnvolles Leben. Jeder hat da auf seinem Weg andere Erlebnisse und Ansatzpunkte – sei es im Bereich von Meditation, Tai Ji, Yoga, Sport, Literatur, Kunst, Religion... was auch immer dem Menschen auf den Weg zu sich selbst bzw. zu Gott verhilft. Und trotzdem stellen unsere Nahrungsaufnahme bzw. eine menschliche Elementarbewegung wie das Gehen Bereiche dar, die für uns im ganz allgemeinen Sinne als Menschen von zentraler Bedeutung sind. Wie leicht – von unserer Einsicht her – und wie schwer solche ersten Schritte werden können, wenn die soziale Mitwelt den Zeigefinger (noch nicht einmal den Knüppel) der Gewohnheit erhebt, das weiß jeder, der einmal eine andere Ernährungs- bzw. Gangart praktiziert hat.

Gerade angesichts dieser Probleme, aber auch der Großartigkeit seiner Entdeckung sind die nachfolgenden Überlegungen von Peter Greb so wichtig. Sie wollen Mut machen und nicht überreden. Sie zeigen einen Weg, den man im buchstäblichen Sinne der Worte mit den eigenen Füßen gehen kann. Das kann Aufrichtung, Freude und Freisein bedeuten, und so etwas überträgt sich auf die Mitwelt. – Der buddhistische Lehrer Thich Nhat Hanh berichtete, dass ihn europäische Hunde ankläfften, als er achtsam und langsam ging. Ich selber habe im Wald beim langsamen, achtsamen Gehen beobachtet, dass Füchse und Hasen mich ganz nah herankommen ließen, mich anschauten und friedlich ihrer Wege gingen. So, als sei ich ein Mitwesen und kein potentiell gefährlicher Mensch. Als der Mensch sich zum ersten Mal auf ein Pferd setzte, um nicht selber laufen zu müssen, hatte er Schwierigkeiten, oben zu bleiben. Als die ersten Pferdestärken von einem Automotor erbracht wurden, musste ein Diener mit weißer Fahne vorweg laufen, um die Fußgänger zu warnen. Die ersten Radfahrer wurden ausgelacht. Inzwischen hat der

Mensch Fortbewegungsmittel erfunden, mit denen er schneller ist als der Schall. Und es lockt ihn, mit Lichtgeschwindigkeit ins Weltall zu fliegen. Die eigenen Füße blieben auf der Strecke, und der Mensch hat Schwierigkeiten, sich selbst zu ver-stehen. Ist also die Besinnung auf so etwas Elementares wie das einfache Gehen ein Rückschritt? Oder hat der Mensch durch die praktische Aufmerksamkeit für diese Bewegungsart wieder eine Möglichkeit, auf sich selbst einzugehen? Insbesondere für Männer ist diese Art eines neuen bzw. sehr, sehr alten Gehens ein fühlsamer und zugleich spielerischer Weg, um aus der Rauhbeinigkeit herauszukommen.

Vielleicht können wir wirklich und immer wieder mit sehr einfachen Dingen beginnen. Mit der Art, wie wir unsere Sinne gebrauchen, wie wir liegen, sitzen, stehen und... gehen. Dass so etwas geht, trotz aller Schwierigkeiten, ist für mich eine wunderbare Erfahrung. Und vielleicht können wir dann auf die Frage: Wie geht's? wirklich mit Worten antworten, die von fröhlichen Füßen und einem offenen Herzen inspiriert sind: Es geht gut. Und wie!

In diesem Sinne wünsche ich dieser Schrift von Peter Greb ein gutes Ankommen in den Köpfen, Herzen und... Füßen möglichst vieler Menschen.

Fredrik Vahle ist Soziolinguist, Dozent an der Universität Giessen: Schwerpunkt Sprache und Bewegung und Kinderlieder

Mein Weg mit GODO

Wer bewusst und wach geht, entdeckt nicht nur eine äußere Welt, sondern zugleich sich selbst.

(Marcus Dederich: »In den Ordnungen des Lebens«
Zur Anthropologie und Pädagogik von Hugo Kükelhaus)

Im Vorliegenden geht es einzig und alleine um ein Loslassen, das Loslassen der überflüssigsten, anstrengendsten und ältesten Geh-wohnheit, in der wir uns weltweit alle befinden. Es geht um eine leise Revolte, die Überwindung des gelernten Gehens, das Loslassen im Fußgelenk.

Erinnern Sie sich an die ersten trippelnden Schritte Ihres Kindes? Es lief ganz leicht über die Vorderfüße (Ballen) auf Sie zu. Und erinnern Sie sich auch an Ihre Angst, es könne die Balance verlieren und vornüberfallen? Sie liefen ihm entgegen oder nach, nahmen es schnell in Ihre Arme und haben es damit – natürlich unwissentlich und in guter Absicht – in seinem spontanen, angeborenen, gesunden, seinem natürlichen Gehen über die Ballen verunsichert.

Eigentlich sind wir alle Ballengänger. Das GODO ist die Erinnerung an ein in Vergessenheit geratenes Geburtsrecht. GODO ist die bewusste Beschäftigung des über die Ballen auftretenden Menschen mit seinem individuellen Gang.

Der praktische Erfolg von GODO liegt in einer übergreifenden Rehabilitation und Gesundheitsvorsorge.

Dabei führt GODO nicht nur zu einer oberflächlichen Wellness und Fitness, sondern reicht bis in die Tiefen innerer und äußerer Ökologie hinein.

GODO kann uns befähigen, die Welt wieder zum Paradies werden zu lassen, einfach, indem wir uns zu dem bekennen, was wir eigentlich sind, nämlich Ballengänger.

Heute gehen/marschieren 99 Prozent aller Menschen über die Fersen/Hacken durch ihr Leben. Wir haben falsch zu gehen gelernt und befinden uns somit in einer Bewegungslüge. Die Auswirkungen dieser Gangart auf Körper, Geist und Seele und damit auch auf unsere gesellschaftliche Wirklichkeit sind weltweit bedeutender als wir ahnen. Was wir uns mit jedem Schritt über die Ferse selbst antun, wollen wir in diesem Buch genauer betrachten. Und ich werde Ihnen einen Ausweg aus diesem Dilemma anbieten.

Als Arzt und Humanmorphologe (Menschengestaltkundler) habe ich während jahrelanger Praxistätigkeit das Gangverhalten meiner Patienten beobachtet und erforscht. Das Auftreten mit der Ferse erzeugt Erschütterungen der Wirbelsäule, die bis in den Schädel hineinreichen.

Sie können sich das mit einer einfachen Übung bewusst machen: Stecken Sie sich dazu die Finger in die Ohren und gehen Sie schnell zehn bis zwanzig Schritte auf Ihre gewohnte Weise. Hören Sie dabei in sich hinein!

Haben Sie es gehört, dieses tock-tock-tock?!

Ich kam zu dem Schluss, dass wir beim menschengerechten – sprich: aufrechten – Gehen in jedem Schritt den Vorderfuß zuerst zur Erde bringen sollten, um dann nach hinten zur Ferse abzurollen – also genau entgegengesetzt allen orthopädischen Empfehlungen: »Rollen Sie anständig ab.« So berühren wir die Erde federleicht und ersparen uns den Rückstoß in unsere Wirbelsäule bis hinauf zum Kopf.

85 Prozent unserer Mitbürger leiden an Beschwerden durch Fehlhaltungen. Das ist kein Wunder, nachdem schon 85 Prozent der *Vor*schulkinder zum Teil schwere Haltungsschäden aufweisen. Die später einseitig schultergetragene Tasche verstärkt solche Schäden, ist also nicht immer die Ursache.

Die häufig aus diesen Haltungsschäden resultierenden Erkrankungen mit Folgeschmerzen in den Knochen, Gelenken und/oder Muskeln sind weithin bekannt. Wie viele von uns wurden nicht schon einmal von ihrem Arzt auf ihre Senk-, Spreiz-, Platt- und/oder Knickfüße hingewiesen, wenn sie über irgendeinen Schmerz in den Füßen, im Knie, in den Hüften oder im Rücken klagten? Vielen wurden Einlagen verschrieben oder zumindest empfohlen. Wie oft hat es nicht geholfen, oder nur vorübergehend Linderung verschafft? Meist wurden Sie nur darin bestärkt zu glauben, dass Sie eine entsprechende Veranlagung, gar eine genetische Schwäche mit auf die Welt gebracht haben, die mit den Jahren nur schlimmer werden kann.

Mit passiv machenden Fußbetten und Einlagen, die »stützen, führen, halten« sollen und mit zu engen und zu festen Schuhen wird der ganze übrige Mensch aus seinem Grund, seinen Füßen heraus gegängelt und geschwächt.

Dagegen ist GODO oder die Kunst des Ballenganges, des Schreitens, die ideale Art, kräftige »erweckte« Füße zu bekommen. Wir erlangen dadurch vollkommene Kontrolle über die Wirbelsäule und damit über unsere Aufrichtung. Die »erweckten« Füße machen uns so achtsam uns selbst gegenüber, dass wir mögliche Fehlhaltungen schon bei ihrer Entstehung an der Basis vermeiden bzw. ausgleichen können.

Wenn wir Menschen uns freuen, wenn wir Lust ausdrücken, erheben wir uns dann nicht automatisch auf den Vorderfuß, oder wie wir ihn nennen, den Ballen? Wie beim Tanzen fühlen wir uns leicht, und es entsteht insgesamt ein Wohlgefühl. Beim Ballengang streckt sich nämlich der ganze Körper, wir atmen gelöster, und unser gesundes Selbstwertgefühl wird erheblich gesteigert.

GODO ist die Erkenntnis vom genetisch richtigen Gehen. Etwas, was nie richtig bewusst war, wird hier erstmals bewusst gemacht.

Bereits als wir von Jägern und Sammlern zu Sesshaften wurden, spätestens aber in der Infrastruktur moderner Städte mit ihren fehlenden Freiräumen und begrenzten Bewegungsmöglichkeiten, ging uns das natürliche Gehen verloren. Wir alle ahnen, dass etwas mit uns falsch läuft, und jeder fragt jeden: »Wie geht's?« Da wird uns dann zu allem Übel von den Ärzten das sogenannte Abrollen empfohlen.

Dieses Abrollen ist wohl das gefährlichste medizinische Dogma. Es verpflichtet uns alle zur Hackengängerei. (Ein Dogma ist eine ungeprüft hingenommene Behauptung, ein Glaubenssatz mit dem Anspruch unbedingter Geltung.)

Ich wollte für die wiedergefundene Tatsache einen Namen finden, der international zu verstehen ist und kam auf das Wortspiel GODO. Es setzt sich zusammen aus den Silben GO und DO.

GO heißt das älteste Spiel der Welt, es stammt aus Japan und bedeutet: »Durch Spielen zum Bewusstsein.« DO wie in Aiki-do oder Ju-do bedeutet: »Der Weg.« Im Englischen *go do* liegt die Aufforderung: »Gehe und tue! Bewege und handle!« Wir meinen damit: »**Gehe den Weg bewusst!**«

GODO lehrt uns, wie wir richtig beziehungsweise aufrichtig über den Ballen gehen können. Dabei entsteht ein harmonischer Bewegungsablauf, der die Gestenfolge

Wollen -
Danken/Denken -
Fühlen -
zur Ruhe kommen
und Ruhen

erzeugt. Der Hackengang dagegen hat einen gestörten Bewegungsablauf mit der gestischen Sinnfolge
Wollen -
Denken -
Nichtwollen
(siehe Kap. Analyse des Gangverhaltens).

Die Tatsache, dass Gang- und Sprachentwicklung in unseren ersten drei Lebensjahren nicht nur parallel verlaufen, sondern auch noch den gleichen Nervenstrang benutzen, kann eine »Wort-Sinn-Störung« verursachen. (siehe Kap. Reptilienhirn und Fersenbein)

Die widersprüchliche motorische Steuerung der Füße beim Hackengang beeinflusst zusätzlich die Atmung und bewirkt ernstzunehmende Fehlkonditionierungen während des Gehirnwachstums

Der Mensch ist also durch den frühen Anpassungsprozess, das sogenannte Gehenlernen, vom Ballengänger zum Hackengänger hingegängelt worden und wurde damit nicht nur körperlich, sondern auch geistig aus der Harmonie gebracht. Demnach sind wir im wahrsten Sinne des Wortes geh-stört!

Viele Fehlhaltungen, die nicht durch Unfallverletzungen oder genetische Defekte entstanden sind, führe ich vor allem auf den Hackengang zurück. Es wird aber im Verlauf des Textes auch noch deutlich gemacht, wie sehr die unmenschliche Landgeburtspraxis unsere Bewegungsintegration von Anfang an stört. Und es werden die Vorteile der Wassergeburtspraxis für unsere Bewegungsentfaltung herausgearbeitet.

GODO informiert über die Möglichkeit, sich von Schritt zu Schritt fühlend mit der Erde zu verbinden, in ihr ein lebendiges Wesen zu sehen und sich selbst Schritt für Schritt liebend in der Aufrichtung zu erleben. Indem wir bewusster gehen, leben wir auch bewusster. In der dynamischen Aufrichtung, der schreitenden, ballenbetonten Vorwärtsbewegung, entfalten wir unser reinstes Ich, denn das **Ich ist die Aufrichtung.** Nur ein ballenbetonter Einsatz der Füße kann zu einer vollendeten Aufrichtung führen (siehe Kap. Gang und ICH-Entwicklung)!

Die Grundlagen des hier Beschriebenen sind im Einzelnen längst bekannt. Sie hervorzuholen und zusammenzustellen dient dem Erwecken und der Bestätigung einer gemeinsamen Erinnerung. Fühlen Sie selbst, wie die neue beziehungsweise wiederentdeckte Gangart im ganzen Organismus eine wohltuende Kraft entfaltet, wenn Sie sie durch artgemäßes Schreiten über die Ballen wiedererwecken. Die Zusammenstellung der positiven Auswirkungen auf Ihre Gesundheit finden Sie im Kapitel »Der praktische Erfolg von GODO«. Scheinbar negative Auswirkungen sind nur vorübergehender Natur und im Übrigen selten. Nur in den ersten Tagen der Umstellung zum Ballengang werden Sie etwas Muskelkater, meist in den Waden, bekommen. Das ist dann für den Anfänger sehr aufschlussreich, weil er merkt, wo er bisher unterfordert war.

Der Mensch ist ein Ballengänger

Erfahrungen als Arzt

Bei meiner Arbeit an Schmerzsymptomen des Muskel- und Skelettsystems fiel mir bereits zu Beginn meiner ärztlichen Tätigkeit auf, dass sich der Mensch möglicherweise durch sein Gangverhalten unnötig belastet.

Die Entdeckung, dass der Mensch eigentlich ein Ballengänger ist, begann mit einer zufälligen Beobachtung, die mich vermuten ließ, dass sich die Medizin, die ich gelernt hatte, im wahrsten Sinne des Wortes auf einer Art »Holzweg« befand.

Mich befielen große Zweifel und nur intensive Forschung und hartnäckiges Festhalten an meiner Entdeckung machten dieses Buch möglich. Zu guter Letzt hat mir mein 20 Jahre langer Selbstversuch, im Ballengang durchs Leben zu gehen, Mut gemacht, Ihnen das gleiche zu empfehlen.

Wie bin ich erstmals auf diese Erkenntnisse gestoßen? In meiner ersten Praxis gab es einen riesigen Barockspiegel, der in die Wand dieses sechzig Quadratmeter großen Sprechzimmers eingebaut war. Davor befand sich die Behandlungsliege. Nach der Erhebung der Krankengeschichte, die in der entgegengesetzten Ecke des Raumes stattfand, begleitete ich meine Patienten quer durch den Raum auf den Spiegel zu. Um die statischen Beschwerden meiner Patienten besser beurteilen zu können, beobachtete ich die Symmetrien ihrer Bewegungsabläufe. Dabei glitt meine Hand über ihren Rücken, um eventuelle Verspannungen, die sich durch Temperaturunterschiede zeigen, zu entdecken. Ich legte zu diesem Zweck meine Schuhe ab. Dadurch konnte ich mich so leise bewegen, dass ich die feinsten Erschütterungen und ausgleichenden Muskelkontraktionen bei den Patienten spürte. So verschieden die Zeichen auch waren, die auf die einzelnen Leiden hinwiesen, so klar war ein mehr oder weniger starkes »tock-tock« bei allen zu fühlen. Dieses »Tocken« kam aus dem Fersenstoß, mit dem wir alle als Hackengänger die Erde bei jedem Schritt betreten. Besonders gut kann man das fühlen, wenn man die Hand auf das Kreuzbein des zu Untersuchenden legt, während er ganz normal geht. Versuchen Sie das ruhig einmal mit einem Mitmenschen.

Wohl ausgelöst durch mein eigenes unwillkürliches Ballengehen, eben, um leise und achtsam nebenher gehen zu können, begann ich zu vermuten, dass der Ballengang die unserer Natur entsprechende Gangart sein könnte.

Nachdem ich die Achtsamkeit und Leichtigkeit des Ballenganges bewusst wahrgenommen hatte, erschien mir der Hackengang als eine sehr grobe Art der Fortbewegung, denn die Statik des Körpers wird dabei außerordentlich belastet. Ich begann zu realisieren, dass der Hackengang der Auslöser für die meisten Fehlhaltungen und die daraus folgenden Schmerzen im Muskel- und Skelettsystem sein könnte.

Ich fragte mich, warum wir im täglichen Leben nicht gefühlter, also ballenbetont schreitend gehen. Unsere ästhetischen Ideale fordern das doch geradezu heraus! Man denke nur an Stöckelschuhe, Tanz, Ballett, Gangschulung für Models, die Fußstellung von Schaufensterpuppen und das »Schreiten im königlichen Gang«. Selbst der allgemeine Sprachgebrauch zeigt ein Gefühl dafür, dass Grenzen zwar über*schritten*, aber nie über*gangen* werden sollten.

Außerdem hüpfen wir immer, wenn wir uns freuen, auf dem federnden Fuß, während wir zum Ausdruck von Ärger mit der Ferse aufstampfen. Und wer im Sport nicht die Federkraft des Fußes benutzt, bringt keine Leistung und wirkt unelegant, ja unbeholfen.

Darüber hinaus fiel mir auf, dass Menschen, die viel und bewegt, z.B. frei in der Disco, tanzen, selten in meine Praxis kamen. Dagegen musste ich häufig professionelle Tänzer mit ihren typischen Verschleißerscheinungen und Sportverletzungen behandeln, die, wie mir mit der Zeit klar wurde, zumeist nur die Folge der künstlich trainierten und übertriebenen Grundhaltungen sind.

Ich fragte mich also: »Warum *gehen* wir über die Fersen?« und »Warum *schreiten* wir nicht über die Ballen?«

Der Schreitreflex

Damit begann ich mich für die Entstehung des menschlichen Bewegungsverhaltens auf eine neue Weise zu interessieren und wandte mich dem Ursprung unserer Gangentwicklung zu. Zunächst beobachtete ich Kinder vom Moment ihrer Geburt an. Dabei fiel mir als erstes der sogenannte Schreitreflex bei Neugeborenen auf. Er wird »Schreit«- und nicht »Gang«reflex genannt, weil es sich um eine ausdrücklich ballenbetonte Bewegung handelt.

Diesen Reflex kann man gewöhnlich nur in einem

begrenzten Zeitraum, nämlich vom Zeitpunkt der Geburt bis zum Alter von vier bis sechs Wochen, bei allen Babies beobachten. Übrigens erhält sich dieser Reflex bei Wassergeborenen bis zu deren sehr frühem Gehenlernen im 6. Monat. (Mehr dazu im Kapitel Schwangerschaft und Geburt.)

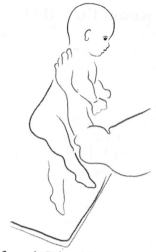

Weiterhin fiel mir auf, wie kleinflächig die Ferse der Neugeborenen ist.

Jeder, der sitzend ein Kind von unter einem Jahr in den Händen hält, merkt, dass dieses sich mit den Fußspitzen gegen den Bauch stemmt. Es ist ganz natürlich, dass es dies mit dem fühlenden Vorderfuß und nicht mit der Ferse tut.

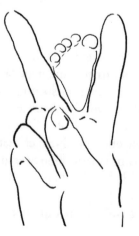

Sehen Sie selbst, wie ungeeignet sie für den Hackengang ist.

Die ersten Schritte

Als nächstes fiel mir auf, dass alle Kinder zu Beginn ihres Gehens offensichtlich noch deutlich Ballengänger sind. Fast jeder Vater und jede Mutter wird das bestätigen. Das kann uns nur entgehen, wenn wir dem Kind von Anfang an Schuhe mit steifen Sohlen anziehen und es zu selten barfuß laufen lassen.

Ich beobachtete, dass Kinder unter drei Jahren wieder zu Ballengängern werden, wenn sie sich sehr interessiert auf etwas zubewegen. In solchen Momenten fühlen sie sich unbeobachtet. Solange sie sich jedoch beobachtet fühlen, versuchen sie den Hackengang so gut wie möglich zu imitieren.

Ich stellte mir also die Frage: Werden Kinder zu Hackengängern, weil sie genauso gehen wollen wie ihre Eltern?

Das Nachahmungsverhalten

Die Psychologie lehrt zum Nachahmungsverhalten von Kindern, dass wir gerade in den ersten drei Lebensjahren fast ausschließlich durch Imitation (Nachahmung) lernen. Da alle Erwachsenen über die Hacken gehen, gibt es nur ein einheitliches Vorbild, welches imitiert wird. Die Erwachsenen waren auch mal Kinder. Auch sie haben durch Imitation gehen gelernt. Dieses Beispiel des Hackenganges wird so konsequent vorgemacht und nachgemacht, dass es rein statistisch als das Normale gelten muss.

Darum kam noch niemand auf die offensichtliche Tatsache, dass der Mensch eigentlich ein Ballengänger ist! Dabei erinnerte ich mich dunkel, so etwas irgendwann einmal in einem Schulbuch gelesen zu haben. Nach langem Suchen fand ich schließlich ein Biologiebuch für Grundschulklassen aus dem Jahr 1968, in dem der Mensch als Ballengänger vom Bären unterschieden wurde, der der einzige echte Sohlengänger ist. Leider ist es mir wieder verlorengegangen, bevor ich mir die Ausgabe und den Herausgeber notiert hatte. In lexikalischen Werken wird allerdings durchgehend behauptet, der Mensch sei – wie Paviane und Bären – ein Sohlengänger. Vielleicht ist das aus einem abgeschriebenen Irrtum entstanden. Ich habe jedenfalls keine Forschung finden können, auf die sich diese Aussage stützen könnte.

Die Erkenntnis, dass der Mensch eigentlich ein Ballengänger und kein Hackengänger ist, war für mich von solcher Klarheit und Einfachheit, dass ich glaubte, sie mit einem Satz der ganzen Welt verkünden zu können. Orthopäden und andere Mediziner reagierten aber nicht entsprechend. Sind sie vielleicht unter dem Bann des medizinischen Dogmas vom Abrollen erstarrt und können nicht mehr umdenken? Scheinbar verdrängen wir alle den Ballengang hinter der erlernten Anpassung an den Hackengang so sehr, dass wir uns noch nicht einmal mehr theoretisch für das Gangverhalten des Menschen interessieren. Übrigens lernen wir durch Nachahmung nicht nur das Gehen, sondern auch die Sprache. Diese Phase der ausschließlichen Nachahmung endet mit dem dritten Lebensjahr. Die Nachahmungsphase ist ein Bewusstseinsraum, der von dem nachfolgenden Bewusstseinsraum derartig ersetzt wird, dass er in Vergessenheit gerät. Könnte es sein, dass wir, angesprochen auf unser Gangverhalten, uns im Unbewussten daran erinnern, wie schwer es uns eigentlich fiel, unserem kindlichen Körper den Hackengang anzutrainieren? Fürchten wir deshalb vielleicht, dass alles, was mit Lernen zu tun hat, uns nur mit neuem Stress belasten würde?

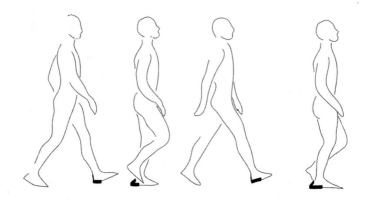

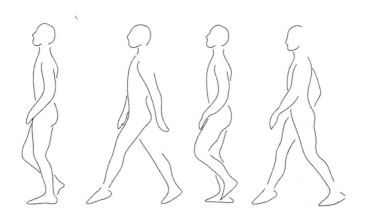

Analyse des Gehverhaltens

*Ich pflanze ein Lächeln – Der Weg zur Achtsamkeit:«
»Das wahre Wunder besteht nicht darin, auf dem Wasser
zu wandeln, sondern auf der Erde zu gehen.«*
Thich Nhat Hanh

Die platonischen Seelenkräfte und GODO

Platon beschrieb die Seele in den drei Teilen: Wollen-Denken-Fühlen. Goethe verinnerlichte diese Erkenntnis in seinem zum Volkslied gewordenem Gedicht: »Ich ging im Walde so für mich hin, und nichts zu suchen, das war mein Sinn....« Er ließ sich von seiner Seele spazierenführen.

Nach einem dreißigjährigen Studium des Goethe-Nachlasses in Weimar erkannte Rudolf Steiner, der spätere Begründer der Anthroposophie und der Waldorfschulen, dass Wollen, Denken und Fühlen die drei Tätigkeiten unserer Seele sind. Dabei wird der Körper zum Instrument des Ausdruckes dieser drei Seelentätigkeiten. Somit ist auch unser Gang Ausdruck dieser Seelentätigkeiten, die in jedem Schritt gesondert erfahren werden können. Das macht man sich bisher leider nur in der Heileurhythmie zunutze. Durch das sogenanne dreigliedrige Schreiten »Heben-Tragen-Stellen« (Wollen-Denken-Fühlen) wirkt sie heilend auf Körper-, Sprach- und Wahrnehmungsstörungen ein. Die platonischen Seelenkräfte werden hier also lediglich therapeutisch oder in der Eurhythmie als Kunstform genutzt. Ich habe nur ganz wenige Menschen getroffen, die aus sol-

cher Erziehung als Ballengänger hervorgegangen sind.
Dazu gehören einige ehemalige Mitglieder der Lohe-
land-Schule in Hessen, die nach anthroposophischen
Grundsätzen geführt wird. Auch die israelische Künst-
lerin Ruth Arion war in ihrer Jugend mit dieser Bewegung in Berührung gekommen. Sie erinnert sich, zwischen 1926 und 1936 im »königlichen Gang« geschrit-
ten zu sein. Während unseres Gespräches wurde ihr
plötzlich klar, dass sie erst nach ihrer Flucht vor den
Nazis bei der Arbeit am Fließband im Kibbuz den
»königlichen Gang« vergessen habe. So viele Jahre später durfte ich sie wieder daran erinnern.

**Jeder Schritt lässt sich als eine Folge von Gesten
begreifen.** Diese Gesten sind Ausdruck unserer Seelentaten. Ihr Sinngehalt und ihre Aufeinanderfolge unterscheiden sich je nach unserer Gangart, also je nachdem, ob wir uns als Hackengänger oder als Ballengänger bewegen.

Das Ruhen und das Wollen, die beiden ersten Phasen
jeden Schrittes, sind bei Hackengängern wie bei Ballengängern gleich:

Ruhen

Vor aller Bewegung ist Ruhe. Wenn wir stehen, dann
können wir sagen: »**Ich ruhe.**« Durch diesen kleinen,
bewusst gesprochenen oder gedachten Satz machen wir
uns die Geste des Ruhens innerlich real und fühlbar.
Legen Sie das Buch für ein/zwei Minuten beiseite, stellen Sie sich aufrecht hin, schließen Sie die Augen, atmen
Sie dabei tief und ruhig aus und ein und denken Sie:
»Ich ruhe.«

Hackengang

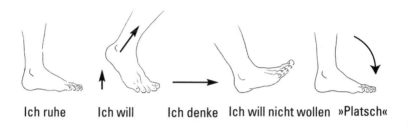

Ich ruhe   Ich will   Ich denke   Ich will nicht wollen   »Platsch«

Ballengang

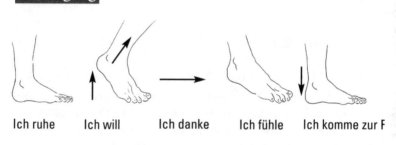

Ich ruhe   Ich will   Ich danke   Ich fühle   Ich komme zur F

Wollen

Um aus der Ruheposition, aus dem Stand in die Bewegung zu kommen, bedarf es eines Willensimpulses. Dazu können wir in uns selbst sagen: »**Ich will.**« In diesem Moment löst sich die Ferse von der Erde. Das Abheben, die Lösung der Ferse von der Erde, ist dem

»Ich will« zeitgleich, ist Ausdruck eines umgesetzten Impulses der Seele. Damit Sie das wirklich fühlen, bitte ich Sie wiedereinmal das Buch wegzulegen und mehrere Schritte zu machen. Konzentrieren Sie sich dabei auf den Moment, indem das Heben der Ferse mit einem laut gesprochenen »ich will!« synchron wahrgenommen wird.

Der japanische Meister Ha ku yushi sagte: »Der Atem des rechten Menschen ist ein Atmen mit den Fersen.«

Bei der GODO-Meditation entspricht das Lösen der Ferse dem Moment der beginnenden Einatmung. Probieren Sie es doch gleich mal aus.

Denken

Der freie, gelöste Fuß, das sogenannte Spielbein, durchmisst den Raum, wobei die äussere Welt an uns vorübergleitet, wir uns durch sie hindurchschieben, etwa so, wie die Gedanken sich immer neu bildend und wieder verblassend unsere Köpfe durchziehen. Hier können wir uns bewusst werden, dass die Seele sagt: »**Ich denke.**« Dabei schwebt das Spielbein frei wie ein Gedanke über die Erde.

Bei diesem Bewegungabschnitt scheiden sich die Geister. Der Hackengänger nimmt nämlich seine Fußspitze hoch, bevor er die Erde mit der Ferse betritt, während der Ballengänger seinen Fuß locker hängen lässt und deshalb der Erde mit Ge(h)fühl begegnet.

Was hier passiert, bedarf einer besonderen Betrachtung, denn es handelt sich um die Kernproblematik des Hackenganges.

Die Gestik des Hackenganges

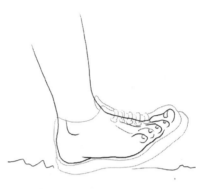

Da wir bisher selber in jedem Schritt die Erde mit der Ferse zuerst berühren, ist uns der Anblick unserer Mitmenschen, die mit der Ferse voran die Erde betreten, derart vertraut, dass wir zunächst nichts Auffälliges wahrnehmen. Aber schauen wir einmal ganz genau hin! – Es bedarf einer ganz besonderen Konzentration, wenn man ein gewohntes Bild mit frischem Blick erfassen möchte. – Nehmen Sie sich dafür wirklich etwas Zeit...

Bisher galt uns ein solcher Anblick als normal und natürlich.

Erst wenn wir den Hackengang analysieren, begreifen wir, dass er nicht nur eine mechanische Fortbewegungsart darstellt, sondern dass sein Ablauf eine **Folge bedeutsamer Gesten** enthält, mit denen wir der Welt begegnen und für die wir auf eine ungeahnte Weise verantwortlich sind.

In der erhobenen Fußspitze offenbart sich die Geste der Abwehr und der Zurückhaltung im Gefühl. Dieser Ausdruck besagt: »Ich will nicht fühlen, ich habe kein Vertrauen.«

Wir müssen begreifen, dass wir diese gefühlsverneinende Geste mit jedem Hackengangschritt aktiv erzeugen und im Gehirn setzt sich ein mentales Programm der Abwehr fest.

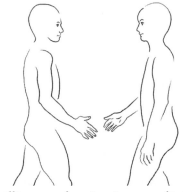

Es gibt eine Möglichkeit, uns das, was wir mit den Füßen unbewusst und ungefühlt ausdrücken, über unsere Hände spürbar zu machen. Dazu bitten wir z. B. eine Person, die völlig unvorbereitet ist, uns die Hand zu reichen. Wir strecken unsere Hand so aus, als wollten wir ihre Hand empfangen, ziehen die unsere jedoch gleich wieder mit der Geste der Abwehr (einem Heben der Finger und Vorschieben der Handwurzel) zurück.

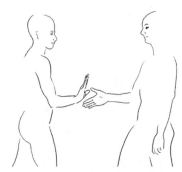

Beiden tut diese paradox abwehrende Geste weh, dem, der sie erzeugt und dem, gegen den sie sich wendet.

Dieses ist genau das, was jeder Hackengänger mit jedem Schritt sich selbst und der Erde antut. Ob sich die Erde wohl ebenso schlecht fühlt, wenn wir ihr bei zurückgehaltener Fußspitze *zwangs-läufig* mit der Hacke begegnen?

Diese falsche Geste ist uns bisher unbewusst. Könnte

es deshalb sein, dass wir der Erde so wenig Liebe und Achtsamkeit entgegenbringen? Diese Geste macht uns zu Fremden auf dieser Erde. Dementsprechend denken, fühlen und handeln wir.

Die gestische Bedeutung der aufstampfenden Ferse heißt Wut und »Ich will nicht« oder »Ich will nicht wollen«. So zart und leichtfüßig einzelne auch über die Hacke abrollend gehen mögen, ein gewisses Stampfen, eine Erschütterung können wir nicht unterdrücken.

Prüfen Sie es selbst noch einmal: Halten Sie sich mit je einem Finger die Ohren zu und gehen Sie schnellen Schrittes auf Ihre gewohnte Weise.

Lauschen Sie dabei in sich hinein. So können sie über die Knochenleitung ein »tock – tock – tock« wahrnehmen, welches von den Fersen bis zu ihrem Schädel hinauf echot. Der **Fersenstoß** erschüttert nicht nur die Wirbelsäule und Gelenke und damit die Muskulatur, sondern auch alle Organe und vermittelt unserer Körpervorstellung **unnötig erhöhte Schwerkraftwerte**.

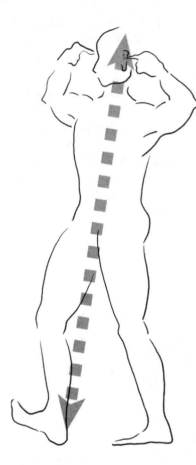

Außerdem drücken wir gestisch mit jedem Hackengangschritt immer wieder »**Ich will** (zwar losgehen) – **Ich will nicht** (fühlen/wollen)« aus. Das begründet einen Zwiespalt des reinen Willen. Fühlen Sie doch mal in sich hinein, wenn Sie sagen: »Ich will ---------- nicht.« Ist das nicht superparadox! also der Widerspruch in sich? So landen wir zwar genau da, wo wir hinwollten, aber wir drücken genau da aus, dass wir gar nicht wollen, weder fühlen noch wollen wollen.

Das »sogenannte« Marschieren auf der Stelle

Das militärische Marschieren ist eine besonders ausgeprägte Form des Hackenganges, bei der im Gleichschritt über die Hacke gegangen wird. Ganz anders verhält es sich beim »sogenannten« Marschieren auf der Stelle, bei dem man mit den Armen kräftig mitschwingt und die Schultern derart mitbewegt, dass die gesamte Wirbelsäule eine spiralige Bewegung um ihre zentrale Achse ausführt. Probieren Sie es aus, dann merken Sie, dass diese Marschbewegung nur simuliert wird. Denn wenn Sie genau hinsehen und in sich hineinfühlen, dann erkennen Sie sofort, dass es sich um eine ausgeprägte Ballengangbewegung handelt. Tatsächlich ist es schier unmöglich, beim »Auf-der-Stelle-Marschieren« mit der Hacke zuerst aufzusetzen.

Wie im Kapitel »Forschung und Erkenntnisse durch Beobachtung« beschrieben, hat diese Bewegung eine ausgesprochen harmonisierende Wirkung auf Geist und Körper. Sie synchronisiert die beiden Gehirnhälften.

Sobald wir uns allerdings vorwärts bewegen, verfallen wir unwillkürlich in einen ausgesprochenen Hackengang, das wirkliche Marschieren, welches offensichtlich das Gegenteil von einer Harmonisierung bewirkt. Beim Marschieren werden die Arme zwar gegensinnig vorwärts und rückwärts geschwungen, die Schultern aber gerade gehalten. Die Wirbelsäule ist relativ steif und wird nicht in ihrer spiraligen Bewegungsmöglichkeit geübt.

Eine besondere Art des Marschierens war der preussische Stechschritt, der heute noch von der russischen Armee praktiziert wird, bis die Fußgelenke schmerzen. Dabei exerziert man mit gestrecktem Bein und steif gestrecktem Fußgelenk über die Ballen. Ein solch expressives Marschieren über den Ballen muss gelernt werden und eignet sich besonders zum Paradieren.

Im letzten Jahrhundert war es gerade diese Parade, die allem Volke imponierte. Die jungen Männer im Lande wollten gerne auch so sein, wie diese schmucken und bis in die Zehenspitzen erweckten Kadetten und Offiziere Preussens. Diese waren das Symbol für die eigene innere Größe, die nur noch herausgebracht werden musste, wenn man nur erst selbst marschieren dürfte. Als sich mit Ausbruch der Kriege diese Gelegenheit zu bieten schien, rannten Millionen von Möchtegernoffizieren ohne jegliche Ahnung vom Unterschied zwischen Paradestechschritt und gewöhnlichem Marschieren über die Hacken in den Krieg. Da das Militärische eine Verstärkung des schlichten Hackenganges darstellt, verstärkte sich mit jedem Hackenstoß die Schwerkraftempfindung in jedem Einzelnen. Die »Vermehrung« der eigenen Masse floss zusammen mit der großen Masse und schien von ihr getragen zu werden.

GODO zeigt: Wer einmal schreitet, marschiert nie mehr.

Die Gestik des Ballenganges

Fühlen

»Wenn Ihr es nicht fühlt, Ihr werdet es nie erjagen!«

J. W. Goethe

Der Ballengang erlöst den Hackengänger von seiner Gespaltenheit (einer chronischen Ambivalenz), dem dauernden: »Ich will – Ich will nicht.«

Der Ballengänger unterlässt einfach die Geste des Nichtwollens. Die automatische Folge davon ist, dass der locker bleibende Fuß mit der Geste »**Ich fühle**« zur Erde kommen kann.

Probieren Sie doch gleich mal: Nach dem »Ich will« hängt Ihr Vorderfuß so locker, dass Sie automatisch mit Zehen und Ballen die Erde zuerst berühren. Eine hilfreiche Vorübung dazu: Stellen Sie sich mit Ihrem ganzen Gewicht auf ein Bein und schütteln Sie den anderen Fuß mehrmals locker aus. Dabei wird der Fuß nicht geführt, sondern hängt locker aus dem Gelenk heraus.

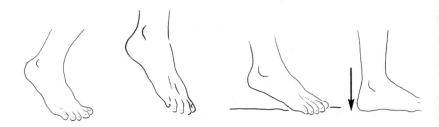

GODO zeigt: Schreitend fühlen wir die Weichheit und Lebendigkeit der Erde, im selben Moment werden wir selbst weich, lebendig und friedlich.

Im Englischen wird sole (gleich Sohle) und soul (gleich Seele) auf dieselbe Weise ausgesprochen. Lassen Sie doch endlich Ihre Seele wirklich »baumeln«, wie Tucholsky vorschlägt.

Wir brauchen also den Fuß nur locker hängen zu lassen, so wie er sich im letzten Moment der abrollenden Lösung von der Erde gerade befindet. Hier können Sie erkennen, dass es sich bei GODO, ganz anders als man erwarten könnte, nur um ein **Loslassen** handelt und nicht um eine neue, schwer zu erlernende Methode.

Wir nehmen den Vorderfuß nicht mehr sinnlos zurück. So sparen wir uns die gestische Aktion der Geh-fühls-vermeidung. Statt dessen sagen wir in uns »**Ich fühle**« und berühren dabei die Erde geh-fühl-voll und liebend, quasi füßelnd mit den Zehen und Ballen zuerst und senken dann erst die Ferse zur Ruhe in den Stand ab.

Zur Ruhe kommen

Wie oben gesagt, das »**Zur-Ruhe-Kommen**« ist das Absenken der Ferse in den Stand. Sie können es wirklich sehr genießen, wenn Sie es erst einmal gefühlt haben! »**Ich komme zur Ruhe!**« Wir können diese Bewegung und die dazugehörige Empfindung im Fußgelenk beim vorsichtigen Rückwärtsschreiten wahrnehmen lernen.

Dazu machen Sie jetzt bitte einen kleinen Schritt aus dem Stand rückwärts. Üben Sie das wiederholt und so langsam, bis Sie es fühlen.

Jetzt verstehen Sie auch, weshalb wir uns mit dem Stöckelschuh selbst betrügen. Er simuliert nur den Ballengang, weil er ein Abrollen schier unmöglich macht, ja den Fuß geradezu in der Simulation des »Ich will« erstarren lässt. Vielleicht ist der Stöckelabsatz die unbewusste Sehnsucht nach dem Ballengang, die wir durch eine Prothese ersetzen.

Schreiten Sie jetzt in der dynamisch aufrechten Haltung, fühlend den Ballen aufsetzend und auf der Ferse zur Ruhe kommend. Mit GODO lösen Sie allmählich die Fesseln Ihrer müden Füße. Richten Sie sich dabei ganz auf und genießen Sie die erlöste Haltung. Sie können das als eine Übung betrachten, die Sie zweimal täglich fünf Minuten lang praktizieren sollten. Aber Sie können sich auch gleich ganz für das GODO entscheiden, dann werden Sie die positiven Wirkungen des Ballenganges spielend leicht lieben lernen. Wenn Sie zögern sollten, dann bedenken Sie, dass wir Hackengänger so sehr in dem Widerspruch »Ich will – Ich will nicht« gefangen sind, dass wir es oft schwer haben, klare Entscheidungen zu treffen, auch wenn die Einsicht längst da ist.

Vom Denken zum Danken

»Wenn Sie Ihr Herzfeuer zusammennehmen und es in das Tanden (Blase, Beckenboden) und in die Fußmitten verlegen, dann werden Brust und Zwerchfell von selbst kühl, und bei Ihnen wird kein Schatten von Spekulieren und Denken, kein Tropfen von Gedankenwellen und Gefühlswellen sein.«

Ha ku yushi

Ist die Geste des Fußes beim Hackengang »Ich denke«, wird beim Ballengang daraus »Ich danke«. Weil der Ballengänger keine Reflexion (Rückbeugung) mit dem Fuß macht, bleibt er entspannt und kann so mit der inneren Haltung der Dankbarkeit durch die Welt schreiten und sie dabei ganz in sich aufnehmen, ohne von der Geste des Denkens, des »Reflektierens« irritiert zu sein. Da er die Reflexion, die Revolte, die Geste des »Ich will nicht« aufgegeben hat, bewegt er sich gelöst und fühlend mit einem ungespaltenen Willen »Ich will«.

Eselsbrücke: Gedenken = gehe denken; Gedanken = gehe danken. Mit dem Gedenken bewegen wir uns in die Vergangenheit (wir gedenken der Ahnen oder unserer Sünden). Die Gedanken jedoch sind frei!

Damit wir uns nicht falsch verstehen: Ein rückblickendes Gedenken, ob persönlicher oder historischer Art, kann durchaus wertvoll sein für das Verständnis des Seins.

Der heimliche Erfolg von GODO liegt also wörtlich im Übergang vom Geh-denken zum Geh-danken.

GODO zeigt: Wer im Denken ist, sucht noch, doch wer dankt, hat schon gefunden. Und wer im Danken ist, hat schon empfangen.

Mit GODO hat jeder die Möglichkeit, durch ein nunmehr fünfgliedriges Schreiten (Ruhen, Wollen, Danken, Fühlen, Zur Ruhe Kommen) seine Seelentaten in harmonischer Folge zu leben. So entfaltet sich der Ballengänger allmählich zur vollen Blüte seines Menschseins, zu seiner eigentlichen, seiner dynamischen, schreitend bewegten Aufrichtung. Diese ist die Grundlage des freibeweglichen, fallangstfreien Ichs (siehe die Kap. Fallangst, Ego und Über-Ich und Das Selbst).

Über die innere Haltung der Dankbarkeit dem Leben gegenüber können wir schreitend eine Integration ins Selbst erreichen. Der Ballengang setzt also psychische und physische Kräfte frei und führt den GODO-praktizierenden Menschen in die Integration.

GODO zeigt: Schritt für Schritt erlebt der Ballengänger mit tiefer, freier Atmung einen Rhythmus von befreiter und bewusster Bewegung.

Gang und ICH-Entwicklung

»Es gibt nur einen Tempel in der Welt, und das ist der menschliche Körper. Nichts ist heiliger als diese hohe Gestalt...«

Novalis

Es ist bekannt, dass der aufrechte Gang, die Sprache und das ICH den Menschen von der Tierwelt unterscheiden. Die Sprachentwicklung ist an die Aufrichtung und den aufrechten Gang gebunden. Und nach Steiner ist das ICH die Aufrichtung selbst. So klar drückt sich die Psychologie an keiner Stelle aus.

Ich will diese Aussage im Folgenden auf die körperliche und seelische Entwicklung des Kindes bis zum dritten Lebensjahr übertragen. Dazu mögen einige Zeichnungen dienen, die die einzelnen Stufen der Aufrichtung darstellen.

Erste Aufrichtungsversuche sind in dem *Heben des*

Köpfchens zu erkennen, welches noch sehr wackelig ist und immer wieder herunterfällt. Das möchte ich als die labile Aufrichtung bezeichnen. Sie entspricht dem **Labi-**

len Ich.

Die nächste Stufe der Aufrichtung findet ihre Vollendung im aufrecht sitzenden Baby, einem kleinen Buddha. Wenn wir ein solches Kind sehen, dann fällt uns seine Zentriertheit auf, und wir erkennen seine besondere ICH-Kraft. Nichts bringt es wirklich  zum Umfallen. Eher würde es rollen. Deshalb möchte ich es hier als das **Kugel-Ich** bezeichnen. Welche innere Stärke und ungestörte ICH-haftigkeit diese Kinder ausstrahlen!

Eine Entwicklungsstufe weiter begegnen wir dem Kind im sogenannten *Krabbelalter*. In dieser Phase der

Aufrichtung könnte man von der Entwicklung des **Automobilen Ich** sprechen (das griechische autós heißt selbst).

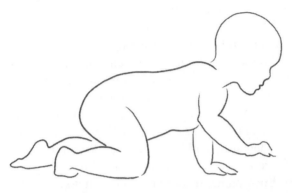

Diese sogenannte Krabbelphase wird von Schulmedizinern, Kinesiologen und Entwicklungspsychologen für eine unverzichtbare Phase zur regelgerechten körperlichen und geistigen Entfaltung gehalten. Vorsicht: Nur weil in unserem Kulturkreis fast hundert Prozent aller Kinder ein Krabbelalter durchleben und weil viele gestörte Kinder häufig gar nicht krabbeln, wird eine Krabbelphase nicht zur absoluten Vorbedingung einer guten Entwicklung des limbischen Systems, also des sogenannten Gefühlszentrums, wie es die Kinesiologen behaupten. Ich möchte nur an Völkerstämme wie z.B. Indianer, Eskimos und Tibetaner erinnern, die ihre Kinder bis zu einem Jahr gestreckt eingebündelt tragen. Mit dem ersten Aufstellen können diese dann trotzdem loslaufen und haben natürlich »trotzdem« eine gesunde eigene Gefühlswelt entwickelt.

Eine kleine Geschichte aus der Forschung an jungen Schwalben und ihrem sogenannten Fliegenlernen möge das Gesagte unterstützen: Man glaubte lange Zeit, dass junge Schwälbchen flügge geworden noch ein paar Tage flatternd am Nest hängend fliegen lernten. Mit einem sehr einfachen Versuch konnte diese Annahme widerlegt werden. Man steckte drei von sechs Schwälbchen eines Geleges derart in kleine Papprören, dass sie zwar noch gefüttert werden konnten, dass sie an den sogenannten Flugübungen aber nicht teilnehmen konnten. Erst als die drei anderen, nach tagelangem vermeintlichen Üben, endlich vom Nest abflogen, befreite man die drei »Versuchskaninchen«. Und siehe da! Sie flogen, ohne geübt zu haben, den anderen hinterher. Fazit: Wenn die genetische Reife da ist, dann kann die Funktion ausgeübt werden. Entsprechend sollte man bei genetischen Vorgaben besser von der Entfaltung oder von der Reifung einer Fähigkeit sprechen als vom Erlernen derselben.

Als nächstes folgt die ganzkörperliche Aufrichtung. Wir begegnen ihr im *Stehkind*. Bei uns Landgeborenen ist es um das erste Lebensjahr herum so weit. Das Nervensystem des Kindes ist reif und lässt das Stehen zu. Dieses Stehen entspricht der statischen Aufrichtung und damit dem **statischen Ich**. Wie wunderbar ICH-stark erscheinen uns die Kinder in dieser Phase!

Leider sieht man sehr häufig, dass Eltern ihre Kinder in dieser Stehphase stolz in einem zwischen ihren Beinen gestützten, aufrechten Gang vorführen. Dabei verführen sie sie im wahrsten Sinne des Wortes zum Passgang in stehender Fußhaltung. Arm und Bein werden statt diagonal seitengleich voranbewegt. Das übt schon – bevor die Reifung des Nervensystems für den spontan auftretenden Ballengang eintritt – eine Bewegungsform ein, die das Kind in Richtung Hackengang und Sohlengang konditioniert.

Üben Sie mit ihrem Kind, während es schon seine Stehfähigkeit entfaltet, viele Bewegungen in der rückenstärkenden horizontalen Haltung der vorangegangenen Krabbel- und Kriechphasen. Halten Sie es zum Beispiel spielerisch am Unterschenkel oder Fuß, während Sie seinen Bauch unterstützen, um es ein weggeworfenes oder runtergefallenes Spielzeug selbst aufheben zu lassen. Es ist immer günstiger für die Entfaltung der Bewegung, der Entwicklungsgeschwindigkeit der Kinder mit einem Training der Fähigkeiten der jeweils vorangegangenen Bewegungsentwicklungsschritte mehr innere Stabilität und Sicherheit zu geben, anstatt seiner natürlichen Entfaltung vorzugreifen.

Jetzt beginnt die *aufrechte Vorwärtsbewegung*, die dynamische Aufrichtung. Von diesem Moment an entfaltet sich unser **Dynamisches ICH**. Das geschieht ganz plötzlich.

Mit trippelnden Schrittchen und leicht erhobenen Ärmchen rannten wir alle einmal los, ohne vorher eine Übungsphase gehabt zu haben. Wir konnten laufen, wie die Schwälbchen fliegen konnten, weil unsere Nervenorganisation reif dafür war, und nicht, weil wir es zuvor gelernt hätten. Das geschieht einfach im Sinne unserer genetischen Anlage. Wir trippelten auf den Ballen los, zeigten also noch deutlich, dass wir eigentlich Ballengänger sind.

Doch leider haben wir alle nur zu bald begonnen, über die Hacken gehen zu lernen. Wie schon erwähnt, folgten wir damit dem Beispiel unserer Mitmenschen. Sie erinnern sich, dass Kinder bis zum Ende des dritten Lebensjahres ausschließlich durch Imitation lernen. Wir lernten also ein unserer Natur widersprechendes Gang- und Bewegungsverhalten.

Eltern reagieren auf die ersten freien Schritte der Kinder oft mit einer Übertragung ihrer eigenen **Fallangst** (siehe auch Kap. Landgeburt, Macht-Ohnmacht, Trotzverhalten). Das heißt, sie fürchten, das Kind könnte hinfallen oder irgendwo gegenlaufen, und so neigen sie dazu, in die ersten Schritte einzugreifen. Damit stören sie unwissentlich die spontane Bewegungsentfaltung des kleinen Ballengängers.

Das hat tiefe Auswirkungen auf die letzte Phase unserer ICH-Entwicklung. Tatsächlich können wir so nie zeitgerecht, das heißt in der entsprechenden sensiblen Phase (siehe Kap. Schwangerschaft und Geburt), zu einer vollendeten ICH-Reife heranwachsen.

Fallangst, Ego und Über-Ich

Unter Einsatz der Füße als »Fühlfedern« werden wir tänzerisch leichtfüßig und balanciert. So tragen wir mit jedem Schritt eine neue, elastische und fallsichere Aufrichtung in die Welt. Dagegen übten wir mit dem Hackengang ein stetes Fallen auf die Fersen ein. Wir lernten, als statische ICHe schrittweise zu fallen. Die **Fallangst**, die uns so von Schritt zu Schritt lebenslänglich begleitet, bemerken wir kaum. Wir haben sie nämlich auf eine sehr fragwürdige Weise mit einer ICH-Spaltung kompensiert. Hier entstehen das Ego und das Über-Ich. Durch die statische Verhaltung des Fußes beim Hackengang wird die Balance, welche zur statischen Aufrichtung, also zum statischen ICH, gehört, gestört. Und die bereits vollendete Harmonie der ICH-Reife des einjährigen Stehkindes wird nachträglich verunsichert. Ja, man könnte sagen, dass wir in der Folge alle als verunsicherte einjährige ICHe durch die Welt unserer späteren Jahre staksen.

Zur Kompensation dieser Verunsicherung, dieser Fallangst, sucht das Kind Anlehnung und Halt, indem es sich zwei psycho-soziale Illusionsräume einbildet:

Erstens, indem es sagt: »Ich bin stark wie Superman,

ich fühle keinen Schmerz, usw.«, bildet es sich das **Ego** ein. Damit übt es sich im Lügen über sich selbst, denn es ist ja noch nicht so groß und so stark wie Supermann oder Papa und es vedrängt Demütigung und Schmerz. Hier entwickeln sich die Allmachtsphantasien, die das Ego sind. Nun wissen Sie wie und wozu und wann Ihr Ego entstand. Jetzt ist erstmalig klar, was das Ego eigentlich ist, dessen wir uns, ohne dieses Wissen, so vergeblich zu entledigen suchen. Jetzt können wir seinen Usprung wirklich orten.

Und zweitens, als **Über-Ich** sagt es sich: »So bin ich brav, so verhalte ich mich genau wie Papa und Mama.« Hier gingen wir alle so manche Identifikation ein, die uns uns selbst fremd macht, solange wir nicht dahinterkommen.

Aus dem wunderbaren statischen ICH ist nun ein fallgefährdetes strichmännchenartiges ICH mit zwei erlogenen psychischen Blasen (Ego und Über-Ich) geworden, die ich hier als große Eselsohren wiedergebe.

Stattdessen hätte aus dem bis zum statischen ICH relativ gesunden Kind ein herrlich bewegtes Menschenwesen mit einem ungespaltenen, ungestörten ICH werden können.

Für eine solche Entwicklung gibt es zumindest ein berühmtes Beispiel in der Welt: Nijinsky, der große, ja wohl größte Tänzer hatte die Konditionierung zum Hackengang nie mitgemacht. Leider wusste er nicht, dass er sich darin von fast allen anderen Menschen

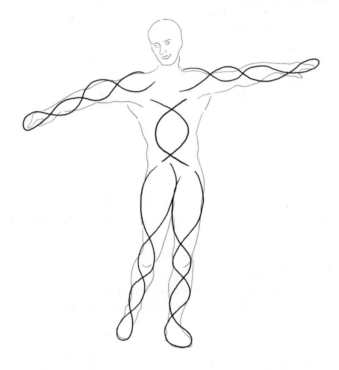

unterschied. Auf allen Bühnen erfuhr er frenetischen Beifall und wurde zum Kassenerfolg, doch bald verschreckte er seine Manager, indem er darauf bestand, seine Auftritte den Menschen umsonst darzubieten, worauf sie ihn für verrückt hielten. Keiner konnte eine so konsequente soziale Haltung begreifen.

Derart missverstanden zog er sich zurück und begann seine besondere Kraft so zu interpretieren, dass er sich für Gott hielt, was ihn schließlich in die Irrenanstalt brachte, wo er für die letzten dreißig Jahre seines Lebens blieb. Sein ICH schien göttliche Dimensionen angenommen zu haben. In Wirklichkeit war dieser Tänzer ganz unvermutet in den höchsten Zustand der Integration von ICH und SELBST geraten. Da die Menschen um ihn herum unbewusst in der Ich-Spaltung lebten, konnten sie Nijinsky nicht folgen und sein Abstand zu ihnen wurde unüberwindlich.

Diese Geschichte zeigt in besonderer Weise, dass und wie die vollendete ICH-Entwicklung nicht nur den Körper zur Vollendung heranwachsen lässt, sondern auch eine höchste psycho-soziale Integration zur Folge hat. Obwohl Nijinsky außerhalb des Kulturtrubels als Naturkind aufgewachsen war, konnte er sich spielend leicht in die sogenannte große Welt integrieren, ohne seine soziale Seele je zu korrumpieren. Ist er uns Hackengängern damit nicht um Vieles voraus gewesen? In seinem autobiographischen Buch »Der Clown Gottes« beschreibt er sich und die Menschen um sich herum in der für beide Seiten immer unerträglicher werdenden Spaltung zwischen seiner Natürlichkeit und ihrer Künstlichkeit.

Das SELBST

An dieser Stelle möchte ich noch etwas zu dem SELBST sagen. Darüber, was es nun wirklich ist, scheint recht wenig Klarheit zu herrschen. Einerseits suchen wir es alle zu erkennen, ja manche bezahlen sogar sehr viel für die sogenannten Selbsterfahrungsseminare und -workshops, und andererseits beschwören wir die Selbst-*losigkeit* als einen besonders erstrebenswerten Zustand. Was man sich kaufen muss, das hat man ja wohl nicht.

Und wenn so viele Menschen danach suchen, dann ist es doch zumindest sehr interessant, herauszufinden, wo wir es vielleicht verloren haben oder wo wir den Weg zum SELBST verpasst haben könnten.

Im Sinne von GODO möchte ich Ihnen hier folgenden Gedanken anbieten.: **Nur ein voll entwickeltes ICH ist in der Lage, Integration ins SELBST zu erfahren.** Das heißt: Wenn ein Kind als Ballengänger statt als Hackengänger das dritte Lebensjahr vollendet hat, dann ist es reif. Es hat seinen genetischen Plan derart erfüllt, dass es im Laufe des vierten Lebensjahres etwas zu erfahren in der Lage ist, was wir die Integration ins SELBST nennen können. Es fühlt sich regelrecht gereift, harmonisch und im Gleichgewicht und kann sich jetzt der Welt, dem Ganzen, dem SELBST öffnen. Im Umkehrschluss müssen wir folglich annehmen, dass ein menschliches Wesen mit der üblichen Hackengängerkonditionierung sich kaum ganz in diese Welt integriert fühlen kann. Denn, auch die Integration ins SELBST geschieht während einer sensiblen Phase (siehe Kap. Schwangerschaft und Geburt), eben zwischen dem dritten und vierten Lebensjahr. Nur während dieser sensiblen Phasen können wir die Entfaltung des Sinnes für das SELBST erfahren. Der Sinn für's SELBST ist als solcher noch gar nicht erkannt. Haben wir vielleicht deshalb so leicht das Gefühl, aus dem Paradies ausgetrieben zu sein?

Emanzipation und Emotionalkörper

Die Themengebiete Emanzipation der Geschlechter, Emotionalkörper und Rücktransport des venösen Blutes zum Herzen hin werden durch GODO ganz neu beleuchtet und in einem noch nie so klar gesehenen Zusammenhang gebracht.

Unter Emanzipation verstehen wir ganz allgemein die Befreiung aus einem Zustand der Abhängigkeit. Bei allem bisher Gesagten kann man sich vorstellen, dass innerhalb unseres Körpers viele Abhängigkeiten aufgrund des falschen Gebrauchs der Füße entstanden sein müssen.

In dem hier zu besprechenden besonderen Fall gerät der **Blutkreislauf, das Organ des Gefühls- oder Emotionalkörpers**, in eine Abhängigkeit, denn durch den falschen Gebrauch des Fußes beim Hackengang schwächen wir den venösen Rückfluss des Blutes zum Herzen. Wie ist das zu verstehen?

Der Kreislauf besteht hauptsächlich aus dem Herzen, den Arterien und den Venen. Er ist ein geschlossenes System, welches aktiv über die muskelwandigen Arterien das sauerstoffgesättigte Blut in den Körper pumpt, von wo es passiv über die Venen zum Herzen zurückfließt. Nun gibt es aber für den Rückfluss keinen

Schub vom Herzen her und die Venen haben auch keine Muskelwände wie die Arterien. Trotzdem muss das venöse Blut im aufgerichteten Körper gegen die Schwerkraft nach oben fließen.

Auf die medizinische Examensfrage, wie das Blut zum Herzen zurückgebracht werde, muss ein wesentlicher Teil der Antwort heißen: »Durch die Muskelpumpe der Wade«. Durch die Bewegung der Füße wirken wir also aktiv auf unseren Kreislauf ein. Jeder weiß, dass Bewegung zu besserer Durchblutung, besserer Gesundheit und auch zu besserer Stimmung führt.

Den zwei verschiedenen Kreislaufschenkeln (Venen/Arterien) haben die alten Chinesen in ihrem Yin/Yang-Denken eine weibliche und eine männliche Qualität zugeordnet.Das Herz kann als die ideale dreidimensionale Verkörperung des Yin/Yang-Symbols, welches inzwischen jeder kennt, gesehen werden.

Unser Emotionalkörper besteht demnach aus einem weiblichen (venösen) und einem männlichen (arteriellen) Schenkel. Daraus kann man schließen, dass ein gut funktionierender Kreislauf ein harmonisches Verhältnis von weiblichen und männlichen Energien in unserem Inneren schafft. Wir wissen alle, wie sich bestimmte Emotionen unwillkürlich als Kreislaufveränderungen anfühlen und ausdrücken können. Das Herz-Kreislaufsystem reagiert bei Männer wie Frauen gleicherweise mit Erröten, z.B. bei Scham oder mit Blasswerden vor Schreck, mit Herzklopfen, mit Schmetterlingsgefühlen im Bauch u.s.w. Emotionale Bewegtheit drückt sich also durch Kreislaufreaktionen sichtbar und fühlbar aus. Auch der Zustand des zu niedrigen oder zu hohen Blutdruckes wirkt sich auf unsere Gefühlsstimmung aus. Viele Sprichworte und Lieder singen vom Herzen, wenn es um Gefühle geht.

Wie gesagt, werden dabei die riesigen Wadenmuskeln zu Blutpumpen. Sie helfen, das venöse Blut gegen die Schwerkraft zum Herzen zurückzubringen. Damit sie das wirklich effektiv tun, bedarf es der richtigen Bewegungsabläufe in den Füßen. Genau hier kommt das GODO zum Tragen. Durch die zwei Abrollvorgänge, des »Ich will« am Bewegungsbeginn und des »Ich komme zur Ruhe« am Ende jeden Schrittes, zeichnet sich der Ballengang im Gegensatz zum Hackengang durch eine doppelte Muskelpumpe aus, die sich funktionell wesentlich voneinander unterscheiden.

Die eine Kontraktion bringt uns vorwärts, die andere dient dazu, die statische Aufrichtung zu sichern. Beide zusammen wirken auf den venösen Rückstrom nicht nur quantitativ verstärkend, sondern auch qualitativ harmonisierend und damit gewissermaßen erlösend.
Nochmal zusammenfassend: Da die Muskelpumpen beim GODO doppelt und differenzierter aktiviert werden, kann sich venöses Blut nicht so leicht in den Beinen stauen wie beim Hackengang. Der Hackengänger leidet immer an den Folgen einer nur einfachen Muskelpumpe pro Schritt, die beim »Ich will« aktiviert wird. Eine zweite Pumpaktion entsteht nur beim Ballengang aus dem Auftreten mit dem Vorderballen und dem folgenden Absenken, dem »Ich komme zur Ruhe«. Beim Hackengang wird diese zweite Muskelpumpaktion durch die direkte Landung auf der Ferse nie erzeugt. Hackengehend unterdrücken wir also in jedem Schritt die eine der beiden möglichen Muskelpumpaktionen und schwächen damit den venösen Teil unseres Kreislaufes. Der falsche Gebrauch unseres Muskelkörpers beim Hackengang erzeugt einen Abhängigkeitszustand im venösen/weiblichen Emotionalkörper. Das bedeutet,

dass **in allen Hackengängern, also in Männern wie in Frauen, die weibliche Gefühlsebene verletzt** oder geschwächt ist.

Die unterdrückte Weiblichkeit reagiert entweder mit Resignation oder einem immer stärker werdenden Emanzipationsdrang. Hinzu kommt, dass der arterielle, also der männliche Teil unseres Kreislaufs (Emotionalkörpers), allein durch die Aufrichtung in seiner Funktion positiv verstärkt wird, weil das Blut mit der Schwerkraft nach unten, in den größeren Teil des Körpers strebt. Das arterielle sauerstoffgesättigte, hellrote Blut wird beim aufgerichteten Körper aktiv per Muskelkraft vom Herzmuskel und den muskulösen Arterienwänden in Fallrichtung also nach unten gepumpt. Derart arteriell übersteuert neigen besonders die Männer dazu, ihr weibliches Emotional zu übersehen und zu verdrängen. Das gibt dem männlichen Anteil in uns einen solchen Vorteil, dass wir gesamtgesellschaftlich zum Machismo neigen.

Leidet die Welt nicht gerade unter einer Übertreibung männlicher Gefühlsinhalte und unter einem allgemeinen Mangel an sensibler weiblicher Steuerung?

Durch GODO erlösen wir unseren Kreislauf von dieser einseitigen Belastung. Mit Hilfe der harmonischen doppelten Muskelpumpe und der aus ihr über den gesamten Körper kettenförmig auf- und absteigenden, schlängelnden Mitbewegung aller anderen Muskeln erlangen wir auf eine besondere Weise in uns selbst Emanzipation. Die männlichen und die weiblichen Energien finden ihren Ausgleich auf der Ebene unseres Kreislaufs/Emotionalkörpers. Wenn innen Harmonie herrscht, dann überträgt sich das ganz von allein ins

Außen.

Es hat sich herausgestellt, dass z.B. in Deutschland 30 bis 50 Prozent aller Eheversprechen in Verbindung mit einem Tanzvergnügen gegeben werden. »Tausendmal berührt und tausendmal ist nichts passiert« und plötzlich beim Tanzen, also beim rechten Gebrauch unserer Füße und Muskelketten beginnen die Äuglein zu leuchten und die Herzen öffnen sich füreinander. Was ist geschehen? Der Kreislauf von männlichen und weiblichen Energien ist in jedem einzelnen Tänzer harmonisiert. So liebt sich jeder selbst besser und kann nach dem Motto: »Liebe Deinen Nächsten wie Dich selbst« den anderen besser lieben.

Ich möchte hier kurz noch auf die C.G. Jungsche Animus-/Anima-Konzeption hinweisen. Danach beruht der psychologische Leidenszustand von Männern und Frauen auf einem Mangel an Verwirklichung der jeweiligen gegengeschlechtlichen Seelenanteile. Mit GODO wird die Entstehung dieses Mangels endlich einmal auf einer körperlichen Ebene begreiflich und sehr konkret durch einfachste Selbstinitiative korrigierbar. Aber wie immer führen wohl viele Wege zum Ziel. So auch z. B. der des Publizisten Franz Alt. Durch eine Midlife-Crisis, die sich ausgerechnet mit Herzrhythmusstörungen, also über das Zentralorgan des Emotionalkörpers ausdrückte, fand Franz Alt zur Traumanalyse nach C.G. Jung und tief innerlich zu Jesus. Später schreibt er dazu in seinem Buch »Jesus, der erste neue Mann«: »Die Quelle, aus der ich schöpfe, ist Jesus. Ich habe Jesus als anima-integrierten Mann kennengelernt. Dass die bis heute vorherrschende männliche Verstandeseinseitigkeit alles Weibliche in uns Männern (zum Teil auch in den Frauen) abspaltet, verdrängt, leugnet und damit dämonisiert und verteufelt, macht den eigentlichen Wahnsinn unserer Zeit aus.« Es war Jesus, der auf die

Frage »Wer bist Du?« antwortete: »ICH bin der ICH bin.« Ein derart vollendetes ICH-Bewusstsein entspricht der Auferstehung im Fleische, d. h. Jesus ist auch Symbol für die gelungen vollendete, die dynamische Aufrichtung. Ich kann mir das nur bei einem Ballengänger vorstellen. Haben die vielen Hinweise auf seine besonderen Füße bis hin zu der beschriebenen Fähigkeit, über die Wasser gehen zu können, etwas damit zu tun, dass Jesus vielleicht ein Ballengänger war und dass man nicht genau wusste, was da an ihm so besonders war?

Wie eine Broschüre der DAK (Deutsche Angestellten Krankenkasse) zur Venenschulung von 1996 ausweist, leiden in Deutschland mehr als neun Millionen Menschen an Venenerkrankungen. Die meisten dieser Leidenden könnten sich selbst durch den Ballengang heilen oder wären als Ballengänger gar nicht erst erkrankt. Mit GODO geht es also um die Emanzipation (gleich Harmonisierung, gleich Heilung) im Emotionalkörper. Allein durch die Eigenaktivität des Individuums entsteht ein gesunder Kreislauf von weiblichen und männlichen Energien in uns. Wir erleben uns dann in einem Zustand ausgeglichener Emotionalität.

Wer innerlich ausgeglichen ist, kann dem anderen Geschlecht viel freier und bewusster begegnen.

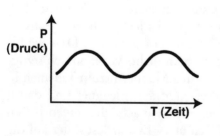

GODO zeigt: Der Ballengang mindert den Kampf der Geschlechter.

Forschung

und Erkenntniss durch Beobachtung

Die Biomechaniker der Sporthochschule Köln haben unter Prof. Baumann eine **Idealkurve** der Druckabbildung erarbeitet, die ein gehender Fuß auf der Erde erzeugen müsse. Sie haben dazu verschiedene Spitzensportler untersucht, um feststellen zu können, welche Arten des Fußeinsatzes (ballen-, kanten-, fersenbetont) zu höheren Leistungen befähigen. Keiner dieser Sportler erreichte die Idealkurve. Auch bei untrainierten Menschen, die wie üblich über die Fersen gehen, kam niemals das errechnete Bild zustande.

Durch schreitendes Gehen im GODO jedoch wird diese Kurve jederzeit erreicht.

Zur Zeit läuft unter der Leitung von Prof. G. Schumpe, Atomwissenschaftler, Arzt und Leiter der Biomechanik an der orthopädischen Universitätsklinik am Bonner Venusberg, eine Untersuchung der Gangbewegungen unter besonderer Berücksichtigung der GODO-Hypothesen. Mit Hilfe der von ihm entwickelten Anlage zur Ultraschalltopometrie ist er in der Lage, dreidimensionale Bewegungsbilder im Monitor erscheinen zu lassen. Damit werden erstmals sehr präzise Aussagen über die Belastungen und Kräfte möglich, die verschiedene Gangbewegungen auf die Gelenke ausüben. Noch haben wir keine abschließenden Ergebnisse.

Einen anderen Blickwinkel auf GODO eröffnen uns die **Spastiker**. Sie leiden bekanntlich an einer geburtstraumatischen Schädigung der Pyramidenbahnen. (Die Motoneuronen werden auch als Pyramidenbahnen bezeichnet. Sie leiten bewusste Bewegungsentscheidungen von pyramidenförmigen Zellen in den motorischen Hirnrindenfeldern in die Glieder.) Die noch intakte Restfunktion dieser Motoneuronen zeigt sich unter anderem an einer Spitzfußstellung, die sich damit als das Grundprogramm unserer eigentlichen Gangbewegung ausweist. Das Stehenlernen auf der Ferse ist eine spätere Entwicklungsleistung, zu der die Pyramidenbahnen beim Spastiker nicht mehr in der Lage sind.

In meiner jahrelangen Praxis konnte ich feststellen, dass sehr, sehr viele Krankheitszeichen verschwanden, wenn der Patient GODO praktizierte. So unglaublich es klingt: Einige **Asthmatiker** haben allein durch die Information, dass der Mensch genetisch gesehen ein Ballengänger ist, sich selbst von ihren Anfällen heilen können, indem sie bei beginnendem Anfall ganz bewusst – also langsam und durchfühlt – einige Schritte GODO schreiten. Dadurch wird ihre Atmung wieder frei (siehe auch das Kapitel von der wundersamen Heilung eines achtjährigen Jungen).

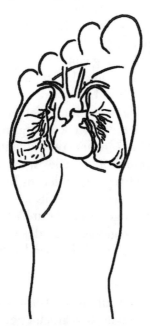

Die deutsche Motopädin Dr. phil. Jutta Schulke Vandre hat unabhängig von GODO feststellen können, dass wiederholtes experimentelles Rückwärtsgehen die

Asthmaanfälle ihrer Patienten selten werden lässt und stark abschwächt (beim Rückwärtsgehen sind wir alle Ballengänger). Besonders gute Wirkungen erzielt sie, indem sie die Patienten veranlasst, so oft wie möglich die Treppen rückwärts hinunter zu gehen.

Ich möchte an dieser Stelle auf die bekannten **Fußreflexzonen** hinweisen und Sie daran erinnern, dass im Fußballenbereich die Zonen für die rhythmischen Organe Lunge und Herz liegen. Sie werden beim Ballengang wie beim Tanzen regelgerecht angeregt. Das ist das »Mit dem Herzen gehen.«

Wer an einem akuten **Ischias** leidend keinen Schritt mehr über die Hacke machen kann, dem hilft oft die Information weiter, den Fuß locker zu lassen und das Bein gewissermaßen schreitend vorwärts zu bringen. Dadurch vermeidet er die Verstärkung der den Nerv einklemmenden Fehlhaltung der Hüfte, wie sie beim Versuch, über die Ferse zu gehen, aus der zurückgenommenen Fußspitze entsteht.

Hier einige Beispiele für die natürliche und **unwillkürliche Umstellung zum Ballengang:**
Der Leser weiß vielleicht, dass in Afrika sehr viele Inder leben. So konnte es passieren, dass mir bei einem Aufenthalt in Nairobi der indische Odissi-Tanz zum ersten Mal begegnete. Bei diesem indischen Tanz wird mit den Händen durch Mudrastellungen (bedeutungsvolle Hand- und Fingerstellungen, durch die man eine Harmonisierung der Köperenergien bewirken kann, der beste Valiumersatz) die gesamte indische Mythologie dargestellt. Das sind bedeutungsvolle Gesten, die die dargestellten Geschichten verdeutlichen sollen. Ich war mehrfach zum Training anwesend und konnte beobachten, dass die Tänzer, wenn sie von der Bühne kamen, zunächst noch mehrere Schritte über die Ballen gingen, denn dieFüße werden unter anderem zu kleinen expressiven Stampfkanonaden über die Fersen eingesetzt. Auf meine Fragen erklärten sie mir, dass sie das täten, um ihre oft schmerzhaft überlasteten

Fußgelenke zu lockern. Durch ihre Tanztechnik waren diese Tänzer in den Fußgelenken und Fersen sehr stark sensibilisiert und hatten sich angewöhnt, die Bühne im Ballengang zu verlassen. Nach wenigen Schritten fielen sie jedoch in ihre Alltagsbewegung, den weltweit herrschenden Hackengang zurück. Daraufhin nahm ich mir einige Tänzer zur Seite und zeigte ihnen GODO. Das Ergebnis war wunderbar: Die Tänzer, die von GODO unterrichtet worden waren, behielten den Ballengang als Alltagsbewegung bei. Sie erkannten, dass sie ihre Gelenke dadurch widerstandsfähiger machen konnten. Für sie hatte sich ein echter Bewusstwerdungsprozess vollzogen.

1986 war ich der Bitte eines Freundes, nach San Diego zu kommen, gefolgt. Er hatte dort am eigenen Leibe Erfahrungen mit neuesten russischen **Biofeedbackmaschinen** gemacht, die Dr. Frank Sullyvan in seinem Institut für **Hemisphärensynchronisation** (Gleichschaltung der elektrischen Abläufe in den beiden Großhirnhälften) benutzte. Dieser Freund kannte damals die Hypothesen des GODO schon seit einigen Jahren. Da er ein sehr kräftiger und erfolgreicher männlicher Mann war, konnte er sich nicht wirklich dazu überwinden, sich im GODO auf der Straße zu zeigen. Nachdem er eine von Dr. Sullyvans Biofeedbackbehandlungen hinter sich hatte, erlebte er, wie er automatisch im Ballengang aus der Versuchskammer heraustrat und spielend leicht einen ganzen Tag lang im GODO gehen konnte. Ich reiste mit einer achtköpfigen deutschen Ärztegruppe an, und wir konnten beobachten, dass die meisten Probanden bei gelungener Synchronisation der beiden Gehirnhälften für einige Minuten unwillkürlich über die Ballen gingen. Hier konnte also nachgewiesen werden, dass auch eine gründliche

Harmonisierung des Nervensystems den Ballengang spontan hervorbringt.

Muskeltests im Sinne der **Kinesiologie** setzen eine gewisse grundlegende Hemisphärensynchronisation voraus. Nichtsynchronisierte Patienten sind schwer zu testen. Wie die österreichische Heilpraktikerin Sissi Karz herausfand, lässt sich bei sehr kranken Patienten eine kurzfristige Synchronisation der Hemisphären schon alleine dadurch erreichen, dass die Testpersonen fünf Minuten lang auf der Stelle »marschieren«. Bei dieser Übung kann man nur über die Ballen gehen. Es liegt also nahe zu vermuten, dass wir die Hemisphärensynchronisation dem speziellen Bewegungsablauf des Ballenganges verdanken.

Neueste amerikanische Forschungen zur Behandlung von **Depressionen** haben ergeben, dass intensives Treppenlaufen, welches ja sowieso nur im Ballengang möglich ist, beste Wirkungen zeigt.

Wenn **Tai-Chi** im **alten Yang-Stil** über die Ballen ausgeführt wird, dann mobilisiert es die Lebensenergie

besonders gut. Leider wird dies heute viel zu wenig beachtet. Dasselbe gilt für die wunderbaren **Qi-Gong** Übungen.

Wie sieht es bei Urvölkern aus?

Bei einigen Urvölkern ist der Ballengang noch heute zu finden:

Als ich den **Pygmäen** auf ihren fußbreiten Pfaden durch den Dschungel folgte, konnte ich beobachten, dass sie mit kleinen Bewegungen der Fußspitze alle Ästchen vom Pfad entfernten, dann tastend den Vorderfuß aufsetzten und somit unter dieser Bedingung Ballengänger sind. Das entspricht in gewisser Weise dem Pirschen der Jäger, soll es doch vor allem das Knacken von Ästchen verhindern.

Bei den **Indianern** ist der Grundschritt, mit dem sie ihre Pauwaus tanzen, immer erst ein Antippen der Erde mit der Fußspitze und dann ein ballenbetonter Schritt. Wenn man das aus der GODO-Perspektive betrachtet, dann sieht es so aus, als wollten sie mit diesen Tänzen ganz bewusst auf den Ballengang hinweisen. Dabei ist sich der heutige Indianer dieser Bedeutung nicht bewusst, obwohl zum Beispiel aus Carlos Castanedas Beschreibung vom »Gang der Kraft« in »Die Reise nach Ixtlan« bekannt geworden ist, dass die ballenbetonte Fortbewegung einen Menschen sogar bei völliger Dunkelheit heil und vor allem auch noch sehr schnell durch unwegsamstes Gelände trägt.

Bei den **Aborigines**, die zwar auch keine Ballengänger mehr sind, gibt es während heiliger Einweihungsriten die Auflage, die Erde nicht mit der Ferse zu berühren.

Das wurde mir von einem Kenner der Aborigines erzählt.

Wir von den sogenannten **zivilisierten Stämmen** reagieren nur noch auf sehr unebene Böden spontan mit

dem Ballengang. Wie schon erwähnt, sind unsere Füße mit fortschreitender Sesshaftigkeit und auf den geglätteten Böden »eingeschlafen«. Allerdings lebt der ballenbetonte Einsatz der Füße im Ballett, im Tanz, beim

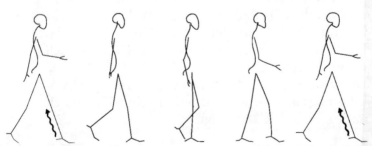

Sprinten, beim Treppensteigen und beim Pirschen in uns allen. Dies sind besonders dynamische Bewegungen. Auch unsere Freude drücken wir aus, indem wir uns auf

Entwicklungsgeschichtliches

Reptilienhirn und Fersenbein

Die Form des menschlichen Fersenbeins verdient nun auch noch eine besondere Betrachtung, denn außer bei uns finden wir nur beim Krokodil einen Fersenbeinknochen von gleicher Gestalt. Das ist eine völlig unbeachtet gebliebene Tatsache. Ausgerechnet an der Basis unserer Aufrichtung hat ein 500 Millionen Jahre altes Krokodils-Gen Gestalt angenommen und macht unsere evolutionäre Verwandtschaft mit dem Krokodil überdeutlich.

Als Darwin unsere Verwandtschaft mit dem Affen bewies, war das ein Schock für das Selbstverständnis der Menschen. Der Vatikan hat bezeichnenderweise erst Ende 1996 die Evolutionstheorie anerkannt. Heute wissen wir, dass Mensch und Schimpanse zu neunundneunzig Prozent identische Gene haben.

Wieviel Wahrheit mag in dem Vergleich des Menschen mit dem großhirnlosen Krokodil liegen, dem ausschließlich das Stamm- und Riechhirn zur Verfügung steht, dessen Hauptaufgabe sich in der Verwaltung von Nahrungsbeschaffung, Fortpflanzung, Aggression und Abgrenzung erschöpft?

Dieses Reptiliengehirn, der evolutionär älteste Hirnteil, das Stammhirn, liegt immer noch an der Basis unseres heutigen Gehirns. Es hat in uns die gleichen Funktionen wie beim Krokodil. Es wird, wie im Folgenden beschrieben, durch den Hackengang irritiert und damit in einem gestressten Zustand gehalten.

Das Krokodil benutzt sein Fersenbein im Hackengang, horizontal kriechend. Nur bei der Paarung steht es gelegentlich aufrecht. Dann steht es aber, wie gesagt, nur – und geht nicht! Uns Menschen dient das Fersenbein normalerweise zum festen Stand, es ist unser »Standbein«.

In diesem Zusammenhang möchte ich Sie noch an die **Fußreflexzonen** erinnern. Ausgerechnet in der Mitte der Fersen liegen die Zonen für Hoden und Eierstöcke.

Wenn wir die Fersen hackengehend missbrauchen, dann irritieren wir mit jedem Schritt die Sexualorgane.

Der Volksmund ahnt es schon: Der Hackengänger »geht sich also *selbst* auf die Eier«. Außerdem stauchen wir mit dem Rückstoß in unser Becken die Gelenke dort derart, dass die Beckenorgane (Darm und Fortpflanzungsorgane) oft unzureichend und unregelmäßig durchblutet und innerviert werden. Das führt zu einer widersinnigen Gleichzeitigkeit von Erregung und Blockade im Geschlechtsbereich. Liegt darin vielleicht eine Erklärung für das häufige Missverhältnis zu unserer Sexualität und zu unserem gesamten Unterkörper begründet?

Auf zwei völlig verschiedene Weisen wirkt sich der Hackengang einerseits auf unser Bewegungsverhalten und damit auf unser gestisches Erscheinen vor der Welt aus und andererseits auf unser inneres Welterleben. Letzteres betrifft die sehr wahrscheinliche Wirkung des **Hacken-Stoß-Echo-Effektes** auf unser Reptiliengehirn (Stamm- und Riechhirn). Dieser Hirnteil heißt auch Hirnstamm und liegt im Wirbelkanal am Übergang der Halswirbelsäule in den Kopf, wo er jeder überflüssigen und unphysiologischen Belastung besonders ausgesetzt ist.

Die »Ich will-Ich will nicht«-Gestik der Unentschiedenheit gegenüber der Erde erzeugt in der Hackengängerpsyche eine stehende Welle der Ambivalenz. Auch damit wird eine dauernde unterschwellige Irritation des Stammhirns erzeugt.

Die aus diesen Irritationen folgende Organisation der Verhältnisse zwischen Stamm- und Großhirn drückt sich vor allem in einem Sozialverhalten aus, das auf reptilischem Niveau stehen geblieben zu sein scheint, nämlich dem Glauben an orgasmusfixierten Sex, an übermäßiges Essen und Trinken sowie an Aggressions- und Verteidigungsmechanismen als die scheinbar wesentlichsten und völlig legitimen Grundlagen fürs Überleben. Eine interessant tantrische Herangehensweise an den Versuch, diesen Konflikt zu meistern, kann der Leser bei Barry Long in seinem Buch »Nur die Angst stirbt« finden. Hier würde es den Rahmen sprengen, tiefer darauf einzugehen.

Das irritierte Stammhirn mit seinen mechanisch ablaufenden Überlebensprogrammen reagiert bei Stress so total, dass ein Kind wie eine Furie, beinahe wie ein wildes Tier wirken kann. Die so irritierten Kinder sind ruppig, fahrig, grapschig. Sie reißen alles an sich oder stoßen es von sich, sie schlagen gar ohne Grund um sich. Das führt unwissende Eltern immer wieder dazu, mit härtesten Erziehungsmaßnahmen zu reagieren. Dadurch wird das Kind aber nur gebrochen oder seine Widerstandsprogrammierung verstärkt, und dann wundert man sich, warum es »völlig verwildert«. Hier werden die Ursachen für Fress-, Sauf- und Sexsucht, sowie für Aggressivität und Schreckhaftigkeit der heutigen Erwachsenenwelt zu suchen sein.

Man kann vermuten, dass das, was wir »Erziehung« nennen, wirklich nur eine – scheinbar notwendige – Reaktion ist, mit der wir versuchen, den überschießenden Impulsen aus der hackengang- und fallangstbedingten Stammhirnirritation zu begegnen. Das würde heißen, dass das Großhirn via Erziehung lernt, sich bei der Bewältigung dieser Irritation zu engagieren, damit wir mit den Irritationen des Stammhirns (über-)leben können. Als sein Kontrolleur, sein **Dompteur** macht sich das Großhirn in Wirklichkeit letztlich zum Sklaven des Stammhirns. Vielleicht benutzen wir auf diese Weise nur die von A. Einstein vermuteten 10% unseres Großhirns!? Vielleicht fällt es uns deshalb so schwer, uns weniger reaktiv zu verhalten?!

Ob es uns wohl ein wenig versöhnen kann, jetzt endlich zu wissen, dass wir ein Großteil unseres allzu unmöglichen Verhaltens nur der Tatsache zu verdanken haben, dass wir uns mit dem Gebrauch des Fersenbeins auf die Ebene des Krokodils begeben, und dass uns die Umstellung vom Hackengänger zum Ballengänger aus dieser Misere befreien könnte?

GODO zeigt: Ballengang befreit auch von Aggressionen.

Gang und Sprache

Mit dem dritten Lebensjahr sind fünfundneunzig Prozent unserer Gehirnentwicklung abgeschlossen. Durch Gang und Sprache werden wir zu funktionsfähigen Menschen. Nun sollten Sie aber wissen, dass Gang und Sprache die selben Nervenbahnen benutzen, die Motoneuronen, die man auch als Pyramidenbahnen bezeichnet. Sie leiten einerseits die Willensentscheidungen und bringen sie über Bewegungen zum Ausdruck, und andererseits sind sie ein wenig bekanntes Sinnesorgan, nämlich das **Wortsinnorgan**. Gehen, Sprechen und die sogenannte bewusste Atemkontrolle entwickeln sich dabei parallel. Der physische Stress, den das Gehenlernen und das dauernde Gehen im Hackengang erzeugen, wird durch den psychischen Stress der in jedem Schritt wiederholten widersprüchlichen Gestik im wahrsten Sinne des Wortes »zwangsläufig« verstärkt. Die Pyramidenbahnen, die Motoneuronen und Organ für den Wortsinn in einem sind, werden durch den Hackengang schwerst belastet. Wir merken das nicht direkt, weil wir ja alle den gleichen Defekt haben. Wenn wir uns aber unsere menschengeschaffenen Weltverhältnisse ansehen, dann könnten wir uns doch, nach allem, was wir hier gehört haben, viele sogenannte Zivilisationszustände leicht damit erklären, dass diese auf einer unendlichen Kette von Missverhältnissen beruhen, die in unser Nervensystem hineintrainiert und damit konditioniert und ins Unbewusste abgesunken sind.

Die motorischen Nervenbahnen, die Pyramidenbahnen, sind die längsten Nervenbahnen in unserem Körper. Bisher wurde nur gelehrt, dass sie die Bahnen unseres motorischen Willens sind. Über sie bestimmen wir, was wir z. B. mit unseren Händen und Füßen, aber auch mit unseren Kopfgliedern, den Kiefern und der Zunge machen. Wenn sie, wie das beim Hackengang abläuft, dauernd einen widersprüchlichen Impuls weitergeben müssen, wirkt sich das nicht nur auf unser Verhältnis zur Welt aus, sondern auch auf die zweite Eigenschaft dieser Nerven. Sie dienen ja, wie gesagt, auch noch als ein weniger bekanntes Sinnesorgan, als **Organ für den Wortsinn**.

Man kann sich die Pyramidenbahnen, die von den pyramidenförmigen Zellen in der Hirnrinde über das

Rückenmark bis in die Zehen reichen, wie die Saiten auf einem Instrument, einer Gitarre z.B., vorstellen. Dann wird es leicht, nachzufühlen, was es bedeutet, wenn ein Gitarrenwirbel verstellt ist. Man hat dann zwar eine Gitarre mit Saiten, aber sie ist verstimmt. Sie klingt unharmonisch. Sie ist sinngestört. Das gleiche gilt für unser Körperinstrument und dessen Saiten, die Pyramidenbahnen, unser Wortsinnorgan. Das Erlernen der Sprache ging mit der Verstellung – *Reflektion* – im Fußgelenk einher. Seitdem wir *denken* können, tun wir das mit einem gestörten Wortsinnorgan. Mit der allgemeinen Sprechgewohnheit verlieren wir die Sensibilität für diese Sinnstörungen. So fragt man im Deutschen etwa: »Wie gehts?« Keiner scheint zu merken, dass diese Frage immer einen Vorgang meint (»Wie geht das?«, z. B. das Anbringen eines Brettes an die Wand?). Im GODO-Verständnis würde man fragen müssen: »Wie gehst Du?« oder »wie geht Dein Es?

Zu Ihrer Unterhaltung hier ein kleiner biblischer Ausflug, auf den mich meine Recherchen mitgenommen haben: Wer weiß, ob die babylonische Geschichte mit dem Zusammenbruch des Turmes nicht den Zusammenbruch des menschlichen Körpers vom Ballengänger zum Hackengänger meinte, und in der Folge *davon* die Menschen in verschiedenen Sprachen auseinanderliefen, weil ihr Wortsinnorgan mit der hackengängerischen Fehlbelastung der Pyramidenbahnen und der Fehlhaltung des gesamten Körperinstrumentes eine Sinnstörung erlitt?

Durch die Praxis des Ballenganges löst sich die vom Hackengang erzeugte Belastung der Pyramidenbahnen auf. Das bringt die Meridiane bis in die Zehen zum Fließen (Meridiane sind nach der traditionellen chinesischen Medizinauffassung die Energie-leitenden Bahnen in unserem bioelektromagnetischen Körper.) Die Energie-leitenden Bahnen waren bisher besonders in den Fußgelenken gestaut. Diese heißen wohl nicht umsonst »Fesseln«. Sie sind von der überflüssigen, widersinnigen und gewohnheitsmäßigen »Ich will nicht«-Geste und dem »tock tock« am stärksten betroffen. Der Hackengänger lebt also, meist ohne es zu merken, energetisch auf Sparflamme. Die Füße sind wie abgeknickt und so ist unser Ge(h)fühl der Verbundenheit mit der Energie der Erde. Die Lähmung betrifft aber auch unsere Zunge, die als Fuß unseres Herzens gesehen werden kann, der zwischen den Zähnen wie in einem Tempel mit 32 Säulen tanzen möchte. Der in der jeweiligen Kindheit erlernte Sprachraum, die sogenannte Nationalsprache stellt nur einen Ausschnitt des ursprachlichen Gesamtpotentials, in dem sich unsere Zungen gebärden könnten, dar. Deshalb können wir uns nur innerhalb unserer Sprachraumgrenzen miteinander *ver-ständigen*. D. h., wir Menschen neigen dazu, an den Sprachgrenzen den Kontakt zueinander zu verlieren. Das können wir dann überbrücken, wenn wir »mit Händen und Füßen reden«. Wehe, wenn wir dabei, wie zufällig, Schwerter und Stiefel tragen.

GODO zeigt: Wir dürfen annehmen, dass ein Kind, welches nie zum Hackengang verführt wird, kaum je an Störungen des Halteapparates, der Energieversorgung und auch nicht an psychischen Störungen leiden wird.

Schwangerschaft, Geburt und »sensible Phase«

Sie können sich jetzt sicherlich schon vorstellen, wie außerordentlich bedeutungsvoll und wichtig der Ballengang für werdende Mütter, ihre zukünftigen Kinder und das Verhältnis zwischen den beiden ist. Eigentlich sind zukünftige Mütter die wichtigsten Ansprechpartner für das Thema **GODO**. Sie sollten sich schon vor der Schwangerschaft, spätestens aber vor dem vierten Monat zum Ballengang entschieden haben. Denn sie erhalten sich damit die Elastizität der Beckenbodenmuskulatur, was zu weniger Dammrisse und einer schmerzärmeren Geburt führt. Stellen Sie sich nur vor, wie beim Hackenstoß in jedem Schritt der Beckenboden sich reaktiv verkrampft, damit die immer schwerer werdende Frucht nicht herausfällt. Das trainiert den Beckenboden auf eine neurotisierende Weise, bei Druck von oben mit Festhalten zu reagieren. Wenn nun die Wehen die Frucht austreiben wollen, hält der Beckenboden sinnlos und schmerzhaft dagegen. Das erschwert die Geburt für Mutter und Kind und außerdem erzeugt es einen unbewusst bleibenden Beziehungskonflikt zwischen den beiden, der möglicherweise lebenslänglich wirkt. Darüber hinaus darf man annehmen, dass das Ungeborene schon durch sein frühes Hörenkönnen die Ballengangbewegungen des Mutterschiffes erlauscht, anstatt dem Knochenklang des Hackenganges ausgeliefert zu sein.

Das Innenohr ist ein dreifältiges Sinnesorgan. Es ist etwa in der 15. Woche der intrauterinen Entwicklung ausgereift und verbindet sich nun in der 16. und 18. Woche mit seinen zentralen Hirnrindenfeldern. Es ist das erste und offensichtlich wichtigste Sinnesorgan und umfasst die drei Sinne *Hören, Gleichgewicht und Schwerkraft*. Diese gehören sehr eng zusammen. Wenn bei ihrer Vernetzung mit dem Großhirn etwas schief geht, dann hat das lebenslängliche Folgen. Die in dieser »Sensiblen Phase« eintreffenden Informationen werden zu einer Art Software, die für alle weiteren diese Sinne betreffenden Konditionierungen grundlegend ist. Wer dazu Interessantes lesen möchte, dem sei Alfred Tomatis empfohlen.

Im Mutterleib werden also wichtige Weichen gestellt, die die Entwicklung des Gang- und Sprachverhaltens und damit die Grundlagen unserer Kommunikationsfähigkeit für das ganze Leben mitbestimmen. Dr. A. Jean Ayers, die sich mit der psychomotorischen Integration von Kindern beschäftigt, sagt dazu: »Der Gleichgewichtssinn formt die Grundbeziehung, die ein Mensch zur Schwerkraft und seiner physischen Umwelt hat.«

Man nennt die Zeit zwischen der sechzehnten und achtzehnten Woche die »**Sensible Phase**« **der Gehörsinnentwicklung.** Jetzt nimmt der Embryo das Gangverhalten des »Mutterschiffes« über das Ohr wahr, denn seine drei Sinne Gehör, Gleichgewicht und Schwerkraft sind nun voll entwickelt. Das tock-tock-tock der hackengehenden Mutter überträgt sich direkt in die Gehirnprogrammierung des Embryos. Der Biocomputer des ungeborenen Ballengängers wird mit einem Hackengang-Engramm (fest eingeschriebenes Programm) versehen. Damit schleicht sich ein Fehler ein, der das Ganzheitsgefühl, die Integration des Individuums nachhaltig stört.

Zum besseren Verständnis dessen, was hier passieren kann, seien an dieser Stelle Versuche erwähnt, die man vor nunmehr zwanzig Jahren an jungen Kätzchen vornahm. Sie wissen sicherlich, dass Kätzchen mit geschlossenen Augen geboren werden und diese erst nach vierzehn Tagen öffnen. Man wollte wissen, was passiert, wenn man den Kätzchen die Augen vor deren Öffnung verbindet und erst nach weiteren vierzehn Tagen die Binden abnimmt. Die Kätzchen waren unheilbar erblindet, obwohl sie gesunde Augen und ein gesundes Gehirn hatten. Man hatte verhindert, dass sie in der einzigen Zeit, die ihnen nach ihrem genetischen Programm dazu zur Verfügung stand, sehen zu lernen, die Verbindung zwischen Auge und Gehirn bahnen konnten. So entdeckte man die sogenannte »Sensible Phase«. Alle Entwicklungsschritte finden in solchen genetisch vorbestimmten Zeiten, den sensiblen Phasen, statt. Wir wissen heute noch längst nicht genug darüber. Nachweisbar jedoch ist, dass z. B. in den Minuten und Stunden um die Geburt herum tausende solcher Prägungsmomente liegen. Was hier versäumt und gestört wird, kann nie wirklich nachgeholt werden.

Mit dem Grundmuster des Ballenganges während der »Sensiblen Phase« gibt die Mutter ihrem Kind die Voraussetzung, körperlich und geistig gesund durchs Leben zu gehen.

GODO zeigt: Bewegen Sie sich während der Schwangerschaft leichtfüßig, geschmeidig, tänzerisch schreitend, dann tragen Sie auch leichter.

Die übliche **Landgeburt** erzeugt weitere Störungen unseres ballengängerischen Selbstverständnisses. Wir kommen nämlich als Frühgeborene zur Welt. Erst mit dem sechsten nachgeburtlichen Monat sind wir voll entwickelt. Säugetiere unserer Entwicklungsstufe wie Affen, Pferde oder Kühe werden reif geboren, deshalb können sie schon gleich nach der Geburt aufstehen und sich voll bewegen. Wir würden erst nach **achtzehn** Monaten diese Reife erreicht haben. Dann aber wäre unser Kopf wegen der schnellen Gehirnentwicklung zu groß für die Beckenöffnung.

Interessant ist, dass im Gegensatz zu uns Landgeborenen unter Wasser geborene Kinder sich schon ab dem sechsten Lebensmonat ganz allein aufrichten und dann schon bald mit dem Gehen beginnen. Viele Mütter erschrecken bei dieser Aussage, weil sie unter der unruhigen Krabbelphase ihres Kindes besonders gelitten haben. Sie brauchen sich aber gar nicht zu erschrecken, denn das frühe Aufstehenkönnen hat mit einer besseren Bewegungsintegration zu tun, mit der einher geht, dass diese Kinder viel weniger wild und wirr sind. Die soziale Umgebung wird also weniger mit der oft so anstrengenden Krabbelphase des Mobilen ICH belastet.

Bei der üblichen Landgeburt ist unser Organismus den Schwerkraftverhältnissen, denen er so plötzlich ausgeliefert wird, noch nicht gewachsen. Die Kinder verkrampfen sich unter dem plötzlichen Schwerkrafteinfluss. Sie kennen sich einfach nicht mit Schwerkraftverhältnissen aus. Jede Bewegung unter dieser plötzlichen und völlig neuen Bedingung ist ihnen fremd. Sie haben keinerlei Kontrolle über sich.

Mit einer **Wassergeburt** werden Geburtsschock, Gleichgewichtsverlust und Orientierungsstörungen außerordentlich gemindert.

Wir landgeborenen Kinder, die meisten von uns wurden ja nicht unter Wasser geboren, machten unseren ersten Atemzug in einen – nicht nur vom Geburtsprozess, sondern vor allem von der plötzlichen Einwirkung der Schwerkraft – extrem gestressten Körper hinein. Das Wasserbaby dagegen hat in der weitestgehenden Schwerelosigkeit, die unter Wasser herrscht, die Zeit, erst einmal sein Gleichgewicht, seine geordneten Körperverhältnisse und damit sich selbst wiederzufinden, bevor es an der Wasseroberfläche seinen ersten

Atemzug in einen dann schon entspannten Organismus hinein machen kann.

Übrigens hat man festgestellt, dass die Landgeburt bei einundneunzig Prozent aller Kinder zu Halswirbelverschiebungen führt, die sich später nur bei dreißig bis fünfzig Prozent selbst korrigieren. Bisher haben verschiedene Chirurgen und Geburtshelfer daraus gefolgert, dass man diesem Unglück mit einem Kaiserschnitt zuvorkommen könne und solle. Offensichtlich haben diese Ärzte niemals gesehen, wie die Wasserbabys in der Schwerelosigkeit der Wasserschleuse sich mit offenen Augen umschauen und sich so selbst die Halswirbel einrenken, die, wegen der unterbliebenen Eingriffe von Hebammen und Geburtshelfern in das Geburtsgeschehen und dem leichteren Geburtsverlauf bei ihnen sowieso viel seltener ausgerenkt sind.

Hier noch einige ergänzende Anmerkungen zu den beiden Hauptgeburtsformen und deren Auswirkungen auf unsere Lebendigkeit.

Landgeburt, Macht – Ohnmacht, Trotzverhalten

Landgeburten in der Hocke, im Liegen und in allen Arten von Geburtsstühlen sind auch bei der »sanftesten« Geburt eine sehr konfliktreiche erste Begegnung mit der Materie, der Schwerkraft und der Atmosphäre. Sie können bekanntlich ein überstarkes Geburtrauma auslösen. Eine solche Geburt und die damit verbundene unfallartige Begegnung mit der Materie stellt einen Schock dar, der selten ganz aufgelöst wird. Er wirkt wie eine Verletzung, die später im Hackengang ständig nachhallt. Die stressende Verzerrung, die dieser Nachhall im Bindegewebe, dem Träger unserer Gestaltvorstellungen, bildet, belastet den gesamten Organismus lebenslänglich in steigendem Maß. Unser Bindegewebe wird als ganzkörperübergreifendes Organ kaum so ernst genommen und in seiner Bedeutung erkannt, wie ihm das eigentlich zusteht. Sie kennen es alle. Es ist genau das, was Sie nicht an Ihrem Fleischstück haben wollen, deshalb schneiden Sie es als Sehne heraus oder ziehen es als Muskelhäute ab und werfen es in den Mülleimer. Auch der Student im anatomischen Sektionskurs reinigt die Muskeln der Leichen säuberlich von den Muskelhäuten, damit die Präparate ordentlich aussehen. Das Bindegewebe durchfließt und umfängt alle Organe wie ein Netzwerk. Es besteht aus einfachen, ursprünglichen Zellen, welche auf eine ganz andere Weise elektrisch leitend wirken als die Nervenbahnen. Die Nerven sind wie Autobahnen und das Bindegewebe wie die grüne hochkommunizierende Natur. Nerven leiten von A nach B. Das Bindegewebe dagegen weiß immer in allen seinen Teilen gleichzeitig, wie es um uns steht. Es ist der Träger allen Formbewusstseins und aller Form, von der Haut bis in die Knochen. Es bildet die Organkapseln und durchwächst alle Organe. Es formt die Blutgefäß-Schläuche und sogar die Blutkörperchen und zu all dem stellt es auch noch die Zellen der Immunabwehr. Sogar die Blutgerinnung hat mit dem Bindegewebe zu tun, denn die Fibrinfäden, die netzartig im Blutstropfen aufschießen, wenn es mit Sauerstoff in Berührung kommt, sind bindegewebigen Ursprungs. Es konstituiert gewissermaßen unseren Körpertempel und damit die Gestaltvorstellung, die wir von uns selbst haben. Ich nenne es den Träger unserer Körpervorstellungsmuster. Geburtstrauma und Hackenstöße sowie alle Verletzungen werden im Bindegewebe als Verhärtungen und verschieden Arten von Narbenbildungen abgespeichert.

Der Hackenstoß, der uns pro Schritt etwa 50 Kilo an Übergewicht simuliert, summiert sich innerhalb eines 80-jährigen Lebens auf das Gewicht der großen Pyramide von Gizeh, welche wir, wie der berühmte Atlas persönlich, auf unseren Schultern bzw. in unserem Bindegewebe abgespeichert tragen. Dieses Gewicht wird in uns zu einer Art Gestalt, die ich als den Geh-Wicht bezeichnen möchte. Übrigens ist der berühmte »Teufel« tatsächlich nichts anderes als eine bindegewebige Echogestalt, die aus dem Hackenstoß in uns entsteht. Unter zusätzlichem Stress projizieren wir diesen »Teufel« auf unsere Mitmenschen oder wir malen ihn, wie man so sagt, an die Wand. In Wirklichkeit ist das der harte Kern unseres Egos und unseres Über-Ichs. und damit des so schwer zu verwaltenden Masseproblems

Beim Hackengehen wird die Harmonie des Gleichgewichts-Geh-fühls durch die Ver-haltung des Fußes, dem Gestus des Ich-will-nicht-fühlen, nicht-wollen, gestört. Es entsteht bei jedem Schritt unbewusste **Fallangst**, wodurch das Statische Ich verunsichert wird. Sie erinnern sich: Gegen dieses Gefühl der Verunsicherung sucht sich das Kind im psycho-sozialen Raum Anlehnung und Halt, indem es Segel in Form von psychischen Eselsohren ausbildet, die wir als Über-Ich und Ego bereits erkannten (siehe Kap. Gang- und ICH-Entwicklung). Beide Gestalten sind nur Einbildungen, entsprechen also nicht der individuellen Wahrheit und sind eigentlich nur frühe Kompensationen der Fallangst, die bei der Landgeburt durch die Zähigkeit des Beckenbodens und die plötzliche Einwirkung der Schwerkraft erstmals entsteht und dann mit dem Hackengehenlernen von Schritt zu Schritt durch die balancestörung und das »**Fallen**« **auf die Ferse** bestätigt wird. Diese Angst, ein inneres Gefühl von Chaos, welches zutiefst in jedem Hackengänger schwelt, drückt sich schließlich z. B. in unserem gesellschaftspolitisch oft übertriebenen Ruf nach Sicherheits- und Ordnungsinstitutionen aus. (In der Psychologie nennt man ein Verhalten kompensierend, wenn man Minderwertigkeitsgefühle durch Vorstellungen oder Handlungen auszugleichen versucht, die das Bewusstsein der Vollwertigkeit erzeugen sollen.) In Deutschland kaufen wir uns sogenannte Ver-sicherungen anstatt Sicherungen und dabei liegt doch der Schlüssel für alles bei der Hacke, jedenfalls bei »Mister Minit«.

In diesem Zusammenhang einige Anmerkungen zum Verhältnis **Macht-Ohnmacht**.

Bisher neigt man dazu, Ohnmacht als Gegensatz zu Macht zu sehen. Mir scheint es zumindest sinnvoll, einmal den anderen Weg der Betrachtung zu gehen: Macht als Kompensation von Ohnmacht (eigentlich weiß das schon jede Frau). Wann in unserem Leben sind wir am ohnmächtigsten? Solange wir noch unter einem Jahr alt sind und weder unseren Körper überall hinbewegen, noch uns sprachlich mitteilen können.
Man bedenke einmal, wie unendlich machtvoll uns die Eltern erscheinen mochten, die – des Hackenganges mächtig – sich »frei« bewegen konnten.

Wenn wir insbesondere während der ersten Monate, aber auch noch über das Krabbelalter hinaus, von unseren Eltern nicht ausschließlich getragen werden – wir sind nämlich sogenannte **Traglinge** wie Jean Liedloff in »Auf der Suche nach dem verlorenen Glück, Gegen die Zerstörung unserer Glücksfähigkeit in der frühen Kindheit« nachweist –, dann bekommen die Schritte der Erwachsenen eine extreme Bedeutung. Die Hackengangschritte erzeugen Vibrationen im Raum, die dem Kind in der Wiege das Kommen oder das Weggehen der Zuwendung anzeigen. Das kann das Drama des Verlassenwerdens hervorrufen und psychotisiert zu einem gewissen Grade jedes Kind. Diese Psychose entspricht dem Konflikt Macht – Ohnmacht. Während die Eltern die scheinbare Macht der Fortbewegung besitzen, steht dem die frühkindliche Bewegungsohnmacht gegenüber. Dem Kind prägen sich die Geräusche der Schritte ein. So werden die Verhaltensmuster für ein ganzes Leben entworfen. Sobald seine Nervenorganisation zum Gehen reif wird, wird es versuchen, sich genauso wie die Erwachsenen zu bewegen, denn dann, so muss es glauben, hat es **die gleiche Macht wie die Eltern.**

Im dreijährigen Kind, welches nun glaubt, gehen und sprechen zu können, übersetzt sich schließlich die beim Hackengehenlernen körperlich eingeübte Gestenfolge von »Ich will – Ich will nicht« in den psychischen Macht-Ausdruck, den wir als das **Trotzverhalten** kennen. Bitte lesen Sie das zweimal!

Dazu eine kurze Erklärung: Das Trotzkind verwendet das »Ich will – Ich will nicht« vollkommen willkürlich und testet damit die Reaktion seiner Eltern. Diese fällt je nach Geschlecht von Kind und Elternteil situationsbedingt verschieden aus. Was Papa dem Töchterchen erlaubt, wird von der Mutter ganz anders beantwortet, und wieder ganz anders werden die scheinbar gleichen Wünsche und Verweigerungen bei einem männlichen Kind beantwortet.

Was derart in die Wege geleitet wird, verstehe ich als sexistische Sozialisation. In einem emotional-, weil kreislaufgestörten, stammhirnirritierten und im Trotz befangenen Hackengängerkind erzeugt das ein wirres Geschlechtsrollenverständnis. Dies passiert während des vierten Lebensjahres. An Stelle einer Integration des un-geh-stört ausgereiften ICH ins SELBST tauchen wir nolens volens trotzend in die ödipal-sexistische Kulturerziehungsneurose unserer Vorfahren ein.

Die ersten drei Lebensjahre und die übrige Zeit unseres Lebens werden offensichtlich in zwei verschiedenen Bewusstseinsräumen mit unterschiedlichen Bezugssystemen abgespeichert. Im ersten Raum sind wir ausschließlich imitierend auf die Welt eingegangen. Im zweiten Raum befinden wir uns im Reflex eigenwilligen Umganges mit der Welt.

Wir erinnern uns bezeichnenderweise zumeist nur bis zum dritten Lebensjahr zurück. Erst ab dieser Zeit machen wir sprechend und gehend mehr und mehr selbsterzeugte Erfahrungen, die eine Erinnerungsspur in uns legen, mit der wir uns schließlich als Person identifizieren. Damals haben wir sehr angestrengt begonnen, uns als echte Mitglieder der Gesellschaft, als soziale Personen zu begreifen und dabei unsere ersten drei Lebensjahre immer mehr vergessen.

Die bewusste Lösung von einer solchen Sozialisation und die Annäherung an einen Begriff vom SELBST ist für einen Hackengänger mit seinem ewigen »Ich will – Ich will nicht« nur schwer zu bewältigen. Psychoanalysen dauern entsprechend lang. Erstaunlich schnell und gründlich wirken dagegen Methoden, die uns mit der Erinnerung an unseren ersten Atemzug in Verbindung bringen, wie das Rebirthing nach Leonard Orr oder auch das Holotrope Atmen nach Stanislav Grof. Das systemische Familienaufstellen nach Bert Hellinger und anderen kann einen großen Teil der Psychoanalyse überflüssig machen. Ich nenne es den Staubsauger der Psychoanalyse. Am besten wäre es jedoch, wenn wir durch das beispielhafte Voranschreiten im GODO dazu beitragen, dass der Hackengang ausstirbt.

Die Wassergeburt

Heute hat man bereits weitführende und sehr positive Erfahrungen bei Wassergeburten gemacht. Sie haben sich für Mutter und Kind durchgängig als viel weniger traumatisch erwiesen. Die meisten Geburtshelfer jedoch sehen bisher vor allem die Vorteile für die Mutter (geringere Schmerzen), haben aber die Bedeutung des Aufenthaltes in der Wasserschleuse für das Neugeborene noch nicht in vollem Umfang erkannt und nehmen es meist zu früh aus dem Wasser.

Im Wasser hat der Mensch nur ein Sechstel seines Körpergewichts. Die gesamte Muskelspannung, mit der wir den Körper in der Schwerkraft außerhalb des Wassers balancieren müssen, löst sich. Auch die Beckenbodenmuskulatur entspannt sich. Dadurch leistet die Gebärende dem Geburtsgeschehen weniger Widerstand. Die im Kampf gegen die Schwerkraft eingesetzte Muskelaktivität wird durch das Wasser aufgehoben. Verkrampfungen lösen sich. Der muskuläre Beckenboden wird elastischer. Auch verschwindet eine psychische Barriere, die jede Mutter unbewusst dagegen aufbaut, ihr Kind, ihr Innerstes (Kind, Blut, Wasser) schutzlos in ein völlig fremdes äußeres Milieu zu entlassen (Luft, Materie, Schwerkraft, Licht, Kälte).

Das Kind entwickelt unter Wasser – *vor* dem ersten Atemzug – spontan freie Eigenaktivität und kann seine

Körperglieder schwebend harmonisch entfalten. Es kann seinen Kopf schwerelos bewegen, kann sich umsehen und sich erinnern, dass es aus der Enge in eine größere Weite innerhalb des gleichen Elementes, in dem es neun Monate verbrachte, geraten ist. Dadurch entsteht körperliche und geistige Harmonie, d.h. Integration, noch vor dem ersten Atemzug. Erst nach einigen Minuten im warmen, weiten Wasser – noch immer versorgt über die Nabelschnur – kommt das Kind an die Wasseroberfläche und macht nun seinen ersten **Atemzug** in einen völlig bewussten und entspannten Körper hinein. Ein solches Kind lernt schon mit sechs Monaten zu stehen und in Folge früher zu gehen als das landgeborene Kind. Diese Aussage mag erschreckend klingen, weil ja dadurch möglicherweise die Wirbelsäule zu früh mit der Aufrichtung belastet wird. Hier muss man wissen, dass die in der Wasserschleuse sich erholende motorische Integration – bewiesen durch die Erhaltung des Schreitreflexes – diese Leistung ermöglicht und auch zeitgerecht hervorbringt.

Wie mir Hebammen aus der Wassergeburtenpraxis berichteten, bleibt der sogenannte Schreitreflex bei unter Wasser geborenen Kindern bis zum Gehenlernen erhalten. Bei landgeborenen Kindern verschwindet der Schreitreflex schon nach sechs Wochen. Ich halte das für ein Einschlafen und nicht für ein Reifezeichen. Das Überdauern des Schreitreflexes weist auf eine ungestörte motorische Integration hin. Wir Landgeborenen mussten wirklich wieder gehen lernen, nachdem unser Schreitreflex bereits nach der sechsten Lebenswoche eingeschlafen war. Inzwischen wissen wir, dass wir auch unsere angeborene Fähigkeit, schwimmen zu können, vergessen, wenn uns nicht vor Ablauf des ersten Lebensjahres das inzwischen bewährte Babyschwimmen ermöglicht wird. Der Glottisreflex – automatischer Verschluss *wenn es die Wassergeburt nicht hat ??*

der Atemwege durch den Kehldeckel – funktioniert während des gesamten ersten Lebensjahres, weshalb kein Kind in dieser Zeit ertrinken kann.

Zusammenfassung der Vorteile der Wassergeburt

Mutter:

1. Im Wasser hat die Gebärende nur ein Sechstel ihres Körpergewichtes. Das führt zu einer vollkommenen Entspannung aller Muskeln. So können sich keine den Geburtsverlauf hemmenden Muskelverspannungen im sogenannten Stütz- und Halteapparat und vor allem nicht in der Beckenbodenmuskulatur aufbauen.

2. Wenn eine Gebärende die Füße in warmes Wasser stellt, reduzieren sich die Wehenschmerzen deutlich. Im körperwarmen Ganzkörperbad verlieren sich etwa 80 Prozent der Wehenschmerzen. Die einzelnen Wehen können mit ihren entsprechenden Pausen leicht ausgehalten werden. Sie führen nicht zur krampfenden Mitbeteiligung der übrigen Körpermuskulatur, laufen nur im Uterus ab.

3. Die Mutter ist in dem Moment, in dem das Kind da ist, nicht so erschöpft wie nach einer Landgeburt. Sie kann das Neugeborene mit all ihren Sinnen voll wach und entspannt begrüßen.

4. Aus den verschiedensten Gründen passieren 50 Prozent weniger Dammrisse.

5. Es werden keine Infektionen und kein Ertrinken beobachtet.

6. Mütter, die schon zweimal mit Kaiserschnitt entbunden haben, entbinden beim dritten Kind im Wasser in den allermeisten Fällen problemlos. Sogenannte Risikogeburten, wie die gefürchteten Steißgeburten, verlaufen »schwerelos«. Schon der halbgeborene kindliche Körper schwimmt bzw. schwebt im Wasser.

Kind:

1. Stellen Sie sich vor, wie es für den heranwachsenden Föten im Uterus immer enger wird, je näher die Geburt herankommt. Danach erfolgt zusätzlich noch der Durchtritt durch das »Nadelöhr«, den Geburtskanal. Stellen Sie sich nach dieser Beengung das Freiwerden im großen Wasser vor. Das neugeschlüpfte Wesen benutzt den großen Raum der Wasserschleuse, um sich in der gewohnten Schwerelosigkeit auszudehnen und sich frei zu bewegen, wobei sich alle Verrenkungen, z.B. der Wirbelsäule, und Belastungen im Bindegewebe lösen können. Die Enge ist überstanden. Es hat sich gelohnt! Dieses Gefühl nimmt das Kind mit in den ersten Atemzug. – Angst und Enge kommen aus dem gleichen lateinischen Wort: angus.

2. Geringere Geburtsbelastung, weil das Kind beim Durchtritt weniger gegen den Widerstand der muskulären Verspannungen der Mutter anarbeiten muss.

3. Das warme Wasser wird zu einer idealen Übergangsschleuse. Das Kind kommt in ein ihm bekanntes Element, wo es sich an sich selbst und damit auch an sein Werden im Mutterleib erinnern kann, bevor es den ersten Atemzug im neuen, unbekannten Luftelement macht. So verliert es den Anschluss an seine Herkunft nicht. (Bei der Landgeburt ist die Welt zu plötzlich vollkommen anders – Luft, Schwerkraft, das Angefasstwerden und die Füllung der Lunge sowie der Umschwung der Kreislaufverhältnisse –, so anders, dass aller Wahrscheinlichkeit nach ein Zustand retrograder Amnesie, das ist ein schockerzeugtes Vergessen, entsteht. Dies ist ganz offensichtlich typisch für uns alle, die wir so geboren wurden. Bedenken Sie nur, wie schwer es Ihnen fällt, sich an die Zeit im Bauch Ihrer Mutter zu erinnern. Ohne eine Rückführung kommen Sie da kaum hin. Die meisten Menschen behaupten gar heute noch, dass eine solche Erinnerung ganz unmöglich sei, obwohl es schon genügend Beweise dafür gibt).

4. Da das Kind die Augen bereits im Wasser öffnet, wird es nicht gleich der ganzen Grelle des Lichtes ausgesetzt, und die Augen sind nicht dem Schock durch die Verdunstungskälte an der Luft ausgeliefert. So kann das Neugeborene ungestört im Wasser umherblicken und eine erste Orientierung finden, was es, wenn man ihm genügend Zeit unter Wasser lässt, sehr ausgiebig tut. Im Wasser wiegt der Kopf des Babys nicht so schwer wie an Land. Es kann ihn von Anfang an frei bewegen und sich ganzkörperlich entfalten. (Erinnern Sie sich dagegen an die oft schmerzverzerrten Gesichter landgeborener Babies, und fühlen Sie nach, wie sehr diese

der plötzlich alles beherrschenden Schwerkraft ausgeliefert sind. Ihr Köpfchen muss vom Geburtshelfer gehalten werden).

5. Da das Kind nicht gleich an die Luft kommt, entsteht kein Atemreflex. Der sogenannte Glottisreflex sorgt dafür, dass der Kehldeckel geschlossen bleibt, damit kein Wasser in die Lungen kommt. Es wird weiter über die Nabelschnur mit Sauerstoff versorgt. Das hat den Vorteil, dass es schwimmend und schwerelos den Schock des auch unter diesen sanften Bedingungen noch immer relativ belastenden Durchtrittes durch den Geburtskanal »überleben«, d.h., sich reintegrieren kann, bevor es den ersten Atemzug macht. Das bedeutet, dass das Kind sein körperliches Gleichgewicht, seine körperliche Ordnung wiederfindet und damit bereits wieder integriert ist, d.h., den Schock überwunden hat, wenn die Luft zum erstenmal seine Lungen füllt. (Bei der Landgeburt atmet das Kind in einen noch vom Schock beherrschten und völlig der unbekannten Schwerkraft ausgelieferten, verdrehten und gestressten Körper hinein. Die extrem vielfältige Belastung bei der Landgeburt »besiegelt« unser Schicksal als geburtstraumatisch lebenslänglich gestörte Wesen.)

6. Die ersten Berührungen, die das Baby unter Wasser durch Menschenhände erfährt, sind viel zarter als die bei der Landgeburt. (Wie deutlich z.B. das feste Zupacken eines Geburtshelfers/-helferin Engramme setzen, d. h. Erinnerungsmuster erzeugen kann, zeigte sich bei einer erwachsenen Person, die sich einem Rebirthing unterzog und dabei für kurze Zeit auftauchende, riesige, dunkelblaue Abbilder

der Geburtshelferhände auf den Unterschenkeln aufwies.

7. Die früheste Mutter-Kind-Beziehung beginnt sanfter.

8. Warmes Wasser und Geduld erzeugen eine sehr viel bekömmlichere Atmosphäre für die Geburtssituation als alle Bedingungen der Landgeburt sie je erbringen können.

9. Die Kinder entwickeln mehr Eigenaktivität im Geburtsverlauf.

10. Steißlagen machen weniger Probleme, da der vor dem Kopf geborene Körper vom Wasser getragen schwebt.

11. Die Kinder zeigen oft auch durch die Art ihres ersten Schreiens, dass sie viel zufriedener sind.

12. Die viel frühere Entwicklung zum Stehen (ab 6. Monat) ist ein Beweis für die ungebrochene Gleichgewichtsentwicklung. (Bei der Landgeburt können wir nie so weich aufgefangen werden wie durch das Wasser. Wir fallen, der plötzlichen Schwerkraft ausgeliefert, ohne Orientierung in harte, wenn auch noch so geschickte Hände. Außerdem ist ein Neugeborenes sehr glitschig, weshalb die Hände es viel zu fest anpacken, um es vor dem Fallen zu bewahren. Unser Gleichgewicht und damit unser im Bindegewebe gespeichertes harmonisches Körpermuster geht verloren und hinterlässt ein verzerrtes Körperselbst. Unter diesen schlechten Bedingungen machten wir den ersten Atemzug.)

96

Der Wasseraffe

An dieser Stelle möchte ich Ihnen einige Informationen über die **Wasseraffentheorie** nach Prof. Alister Hardy geben. Er sagt sinngemäß:

Wären wir in unserer Evolutionsgeschichte – nachdem wir schon Affen geworden waren – nicht schon einmal für eine lange Zeit zu einem Leben im und am Wasser gezwungen gewesen, dann wären wir wahrscheinlich noch heute genauso wenig genetisch mit einem aufrechten Becken begabt wie unsere Vettern, die Landaffen.

Nach Prof. Hardys Auffassung stammen wir von einer afrikanischen Menschenaffenart ab, die vor 10 bis 5 Millionen Jahren auf kleinen Inseln zu leben gezwungen war. Zu Anfang dieser Zeit, am Ende des Miozäns, überschwemmte das Meer große Flächen des nordafrikanischen Kontinents. Die Rücken der Danakilberge bildeten die Inseln, auf denen unsere Vorfahren fünf Millionen Jahre lang gefangen blieben. Die Inseln ließen es nicht mehr zu, dass unsere Vorfahren, wie gewohnt, große Wanderungen zur Nahrungssuche unternehmen konnten. Plötzlich waren sie überall von Wasser umgeben. Das *zwang* sie zur Nahrungsaufnahme aus dem Wasser. Irgendwie gelang es ihnen, sich anzupassen und zu überleben, obwohl sie ursprünglich keine sehr guten Schwimmer waren. Dabei kam ihnen zugute, dass während dieser Periode die Wassertemperaturen der Meere um einige Grade höher waren als heute.

Welche Kräfte auch immer im Spiel gewesen sein mochten, um schließlich jenen Mutanten zu schaffen, der unser direkter Vorfahr ist: Nur am und im Wasser hatte er eine Nische zum Überleben. In der Savanne wäre ein solcher Mutant nicht überlebensfähig gewesen. Die allgemein bekannte Savannentheorie, nach der wir den aufrechten Gang in der Savanne erworben haben sollen, ist schlechtweg sinnlos. Das können Sie sofort einsehen, wenn Sie sich nur einmal vorstellen, dass ein Affenbaby mit Menschenfüßen keine Greiffüße mehr hat, um sich im Fell seiner Affenmutter festzuhalten. Zusätzlich zu seiner relativen Frühgeborenheit, Unreife und Haarlosigkeit hätte ein solches Kind einen viel zu schweren Kopf gehabt. Das alles hätte es nie überleben lassen. Erst Millionen Jahre später konnte er die Savanne als Lebensraum erobern.

Im Wasser brachten ihm seine besonderen Anlagen nur Vorteile vor den anderen Affen. Eine Äffin aus einer Affenfamilie, die seit 2,5 Mio. Jahren auf kleinen Inseln, also dicht am warmen Wasser lebte, hatte an Land Schwierigkeiten, sich so tief zu entspannen, dass sie ein Mutantenbaby mit einem sehr großen Kopf gebärend loslassen konnte. Sie ging zum Gebären ins Wasser. Das kleine Mutantenbaby glitt ins Wasser und seine besonderen Anlagen, genau das, was es von den anderen Affen unterschied, machten es zum Wasseraffen: Die Fettschicht unter seiner Haut, die die anderen Affen nicht haben, gab ihm Auftrieb und schützte es zugleich vor Auskühlung, Sein aufrechtes Becken ermöglichte es ihm sich getragen vom Wasser flach auszustrecken Das war der Beginn der schwerelosen Aufrichtung. So fiel die Aufrichtung leicht und sie ermöglichte auch noch ein geschickteres Schwimmen im Stil der Delphine. Dieses sowie der flossenähnliche Fuß und der entgegengestellte Daumen machten ihn zu einem besseren Schwimmer und geschickteren Fischer und zu einer sehr imponierenden Erscheinung an Land.

Er konnte besser im Delphinstil schwimmen und den Fischen besser in die Kiemen greifen.

Wie schon gesagt, haben wir im Wasser nur ein Sechstel unseres Körpergewichtes. Das ließ den Mutanten Mensch – bei täglich bis zu sechzehn Stunden unter solch idealen Lebensbedingungen im Wasser – sehr entspannt an Land kommen. Ein so aufrecht dem Wasser entsteigender »Affe« erhielt dann auch noch den Respekt aller anderen Affen, die auf seine Aufrichtung wie auf sein Imponiergehabe reagiert haben mussten. Bei den Affen ist das Imponiergehabe hormonell bedingt und damit zwanghaft und vorübergehend, während der Wasseraffe eine genetisch bedingte freie Aufrichtung hatte.

Sehr interessant ist auch der Gedanke, dass wir nur durch eine Lebensphase im und am Wasser zu der für den Spracherwerb nötigen Atemkontrolle kommen konnten. (Sehr viel mehr darüber können Sie bei Elaine Morgan in »Die Kinder des Ozeans« nachlesen.)

Wahrscheinlich sind alle Mutanten, die eine weniger komplexe und anpassungsfähige Variante waren, umgekommen. Deshalb erscheint es mir möglich, dass das berühmte missing link wir selbst sind. Dann wären wir Nachfahren einer besonders gelungenen Mutation, diesem ersten Wasseraffen.

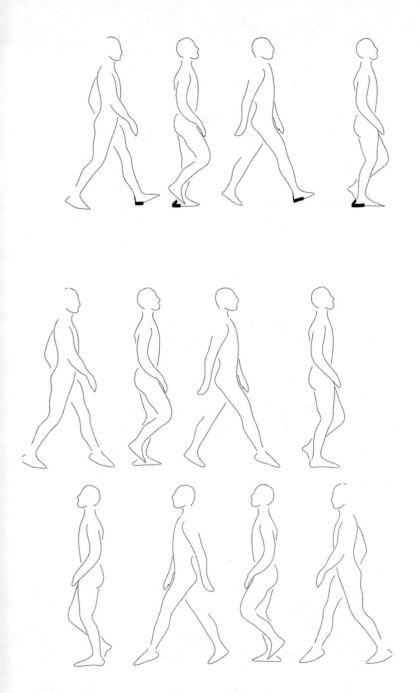

Füße, Mode und GODO

Hier nur einmal eine Kostprobe zum Allgemeinwissen über die Füße.

Gerd Heinz Mohr schreibt in seinem Lexikon der Symbole:
»Fuß. Als das Niedrigste am Menschen, seine Verbindung mit der Erde, hat der Fuß eine uralte magische Bedeutung, die sich besonders in seiner rituellen Entblößung (vgl. Mesopotamien, Kreta, Gallien) zeigt. Der Opfernde entblößt seinen Fuß, um die doppelte Beziehung zu Himmel und Erde darzustellen. Für den chaldäischen Priester symbolisiert die Fußentblößung (pars pro toto) eine Form der Hierogamie. Von da aus werden die häufig dargestellte Entblößung der Füße von Moses am Sinai (2. Mose 3, 5) sowie das bei den Muslimen übliche Ablegen der Fußbekleidung beim Betreten einer Moschee als Bekundung totaler Offenheit und Empfänglichkeit für die göttliche Machtoffenbarung, eben-

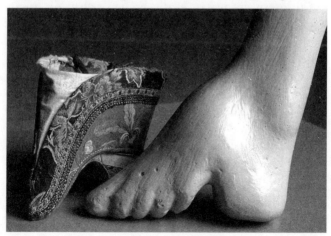

so die Fußwaschung, die Jesus an den Jüngern vollzieht (Joh. 13), und der Auftrag an die Apostel und siebzig Jünger (Matth. 10, 10; Luk. 10, 4), barfuß in die Welt zu gehen.« (Hierogamie bedeutet übrigens die Verschmelzung mit dem Heiligen.)

Lotosfüße

Folgende Geschichte begann in China um das Jahr 1000 nach Chr. und endete erst Dank der Kulturrevolution 1920 durch gesetzliches Verbot. Fast 1000 Jahre lang also bestand die Unsitte, Mädchen im Alter von vier bis acht Jahren die Füßchen derart einzubinden, dass sich schließlich die Zehen mit den Vorderfußballen bei der Ferse befanden und die erwünschten »Lotosfüße« entstanden.

Der Mittelfuß, das Fußgewölbe und somit die Bewegungsfunktionen verschwinden dabei völlig. Der knöcherne Fuß wird total verkrüppelt. Das war ein entsetzlicher Leidensweg für ein Schönheitsideal.

Kurioserweise waren es die Frauen selbst, die zuerst Gefallen an diesem Schönheitsideal fanden. Da hatte es nämlich 1500 Jahre früher, also um 500 v. Chr., einmal eine chinesische Kaiserin gegeben, an die sich die Frauen Chinas erinnerten. Sie wollten ihr so gleich wie möglich sein. Was die chinesischen Frauen nicht wussten, war, dass diese Kaiserin mit Klumpfüßen geboren worden war und man dazumal aus ihrem Geburtsfehler ein Schönheitsideal gemacht hatte, indem man von »ihren kleinen entzückenden Lotosfüßen« sprach.

Die Frauen der herrschenden Klasse, die sich nur wenig zu bewegen brauchten, weil sie für alles Bedienstete hatten, waren es, die diese Tortur sich selbst und ihren Töchtern antaten. Nach 1500 Jahren, während derer die winzigen Füße der Kaiserin kaum einer anderen Frau von der Natur »gegönnt« worden waren, begannen sie aus reinem Imponiergehabe, sich selbst zu verstümmeln. Den Männern gefiel es, dass ihre Frauen nicht weglaufen konnten, und sie genossen das Ansehen, wenn ihre Frauen wegen ihrer ganz besonders niedlichen Lotosfüßchen, von mehreren Dienerinnen gestützt daherkommend, großes Aufsehen erregten.

Da hat die Kulturrevolution tatsächlich die Füße der Frauen befreit.

Die Geschichte der Hackenmode

Es gibt eine sehr merkwürdige Verbindung zwischen der chinesischen Unsitte, die Füße einzubinden und dem Beginn des Balletts in Europa, und von diesem zur heutigen Absatzmode:

Ausgerechnet dem wilden Dschingis Khan und dessen Naturverbundenheit als König eines Reitervolkes verdanken wir letztlich die Entdeckung des Balletts.

Um die Sensibilität eines solchen Pferdekenners zu verstehen, muss man wissen, dass das heutige Pferd aus einem etwa schäferhundgroßen, vierzehigen Urpferd hervorgegangen ist. Es evolutionierte also vom Vierzeher zu jenem wunderbaren, einhufigen Zehenspitzengänger, dessen Milch der menschlichen Muttermilch am Ähnlichsten ist. Dem Reiterfürsten Dschingis Khan wurde es in einem China, welches seinen Frauen die Füße zu verkrüppeln begann, zu eng. Er musste den chinesischen Lotosfußkult zutiefst verabscheuen.

Neben seiner gefürchteten Grausamkeit war er ein großer Genießer. Er suchte sich unter den eroberten

Frauen die schönsten und größten aus. Viele Bewerberinnen stellten sich auf ihre Fußballen und Fußspitzen, um größer zu wirken und ihm dadurch aufzufallen. Nach einer Legende soll daraus die Idee des Balletts entstanden sein.

Gesichert ist dagegen folgende Entstehungsgeschichte. Um 1250, nachdem Dschingis Khans Riesenreich längst wieder zerfallen war, zogen noch theaterspielende Mongolengruppen durch ganz Europa. Bei einer Vorführung ihrer stark auf den Ballen getanzten folkloristischen Reitertänze am Hofe der Medici sprang eine der Prinzessinnen ganz von Sinnen auf und rief entzückt: »Balleo!« Diese Medici reiste nach Paris und soll dort erstmalig das »Ballett« entwickelt haben. Sehr langsam verbreitete sich die dadurch freigesetzte Energie und erzeugte eine Art Euphorie unter dem Volk, die sich

in Reigentänzen äußerte.

Diese wurden zuletzt auch in den Kirchen getanzt, was den Vatikan dazu bewog, die so beliebten Reigentänze um 1550 ganz zu verbieten. 80 Jahre später, mitten im 30-jährigen Krieg, verbot die Kirche per Konzil auch noch das Ballett selbst. Sie verbannte es für 70 Jahre bis 1700 von allen öffentlichen Bühnen. In dieser Zeit war es ausschließlich in südfranzösischen Jesuitenklöstern »zur Beobachtung« erlaubt. Wussten die Jesuiten um den Wert und die Kraft des Ballenganges?

Einige besonders wache und kritische Zeitgenossen unter den Adeligen und Reichen reagierten auf das Ballettverbot, indem sie einen signalroten 8-12 cm hohen Absatz an ihren Schuhen trugen, den sie als Protest gegen die verlorene Funktion verstanden. Sie trugen diese Prothese, wenn sie mit ihren Kutschen durch Europa fuhren. Die wenigsten Menschen begriffen deren Bedeutung. So wurde der Protest als Mode missverstanden. Erst seitdem gibt es Absätze. Diese Information beruht auf einer Recherche entlang der Querverweise des Großen Brockhaus von 1956.

Haben Sie schon einmal darüber nachgedacht, was **Absätze** uns wirklich antun? Jeder Millimeter Absatz nimmt uns zwei Millimeter Bewegungsfreiheit. Einerseits hebt er uns passiv hoch und andererseits verhindert er, dass wir auf die flache Sohle absenken können. Er nimmt uns einen Teil der Federkraft, schwächt unseren Willen und lässt uns nicht zur Ruhe kommen. Absätze blockieren uns also psychisch und physisch. Seit Jahrhunderten haben wir dafür das Gefühl immer mehr verloren. Heute lassen wir uns stärker denn je von raffinierten Absatztechnologien zur Dämpfung des Hackenstoßes betören, besonders in unserer Jugend.

In dem Buch »Die Wolfsfrau, die Kraft der weiblichen Urinstinkte« schreibt Clarissa P. Estés:

»Im Südwesten der Vereinigten Staaten wird die weise Alte unter anderem auch LA QUE SABE genannt, die

Wissende. Ich hörte zum ersten Mal von der Wissenden, als ich in den Sangre de Christo Bergen von Santa Fé lebte, wo eine alte Mexikanerin mir erzählte, dass LA QUE SABE das Geschlecht der Frauen am Anfang der Schöpfung aus einer Falte ihrer göttlichen Fußsohle geschaffen habe.

Das, so bedeutete mir die Alte, sei der Grund, warum Frauen von Natur aus so klug seien: Schließlich bestehen sie essentiell aus der hochempfindlichen Sohlenhaut, die alles,

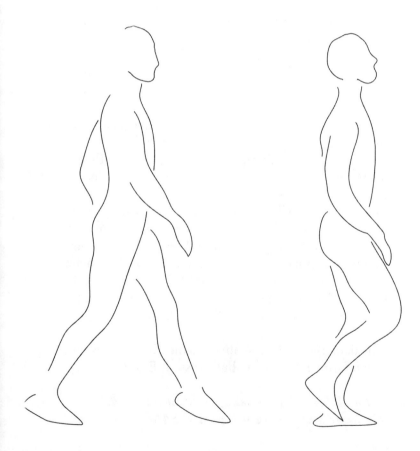

aber auch alles fühlt! Die Vorstellung, dass die Sohlenhaut als sinnliches Wahrnehmungsorgan dienen könnte, wurde mir von einer Indianerin vom Stamme der Kiché bestätigt. Sie erzählte mir, dass sie im Alter von zwanzig Jahren zum ersten Mal ein Paar Schuhe tragen musste, sich aber nie daran gewöhnen konnte – con los ojos vendados –, mit Augenbinden an den Füßen durch die Welt zu gehen.«

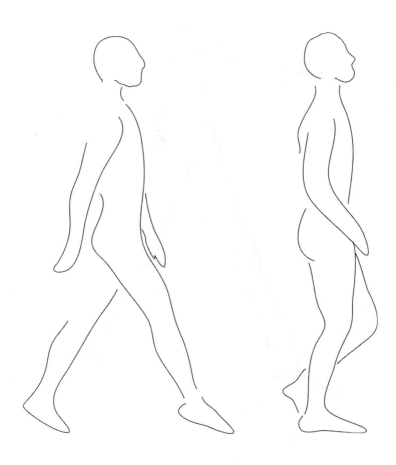

Wie lerne ich am schnellsten GODO?

»Die einzig wahre Kraft, über die wir letzten Endes verfügen, ist die Kraft, uns zum Vorteil zu verändern.«
Gabrielle Roth in: »Das befreite Herz«

**GODO zeigt: Als Ballengänger wirst Du,
der Du bist.**

Vor jedem neuen »Gehenlernen« sollte sich ein jeder die ideale Funktionsstellung seiner Füße klarmachen. Dazu stellen Sie sich einmal mit schulterbreitem Fußabstand hin. Viele Menschen stellen dabei die Fuß-Spitzen auswärts. Das bricht die Achse Ihrer Aufrichtung und erzeugt Senk-, Spreiz-, Platt- und Knickfüße zugleich. Auch parallel gestellte Füße entsprechen seltenst der menschlichen Fußform.

Schauen Sie einmal genau hin, wie die Füße gebaut sind. Wie verläuft die Linie Ihrer Zehengrundgelenke im Verhältnis zur Gangrichtung? Eigentlich sollten wir mit leicht einwärts gestellten Füßen gehen und stehen, so wie die Babies ihre ersten Schrittchen machen. Erinnern Sie sich?!

Das Stehen kommt immer vor dem Gehen, also ist es wichtig, schon hier die richtige Haltung zu üben.
Wenn Sie die Knie durchdrücken, dann blockieren Sie alle abhängigen Gelenke: Fußgelenke, Hüften, Becke und die Lendenwirbelsäule. Also stehen Sie bitte immer mit leicht geöffneten Kniegelenken. Wenn Sie bei der richtigen Fuß-Stellung die geöffneten Kniegelenke leicht nach außen drücken, dann verlagern Sie Ihr Gewicht auf die Außenkanten der Füße und Ihre Kniegelenke

kommen in die beste, weil natürlichste Lage. Jetzt funktioniert die Gelenkspülung durch die Gelenkflüssigkeit normal, was die Abnützung der Knorpel verhindert. In dieser Stellung bitte ich Sie, Ihr Becken behutsam nach vorne und hinten zu bewegen. Legen Sie dabei eine Hand auf Ihre Lendenwirbelsäule und fühlen Sie, wie diese jetzt beweglich wird.

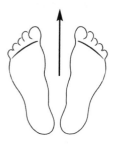

falsch

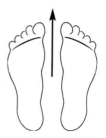

falsch

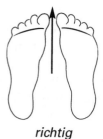

richtig

GODO führt nicht nur zum richtigen Gebrauch Ihrer Füße, sondern auch zu einer neuen, schwingenden Aufrichtung und einem richtigen Gebrauch Ihres gesamten Körpers über alle Gelenketagen hinweg.

Natürlich brauchen Sie als erstes eine entsprechende Fußbekleidung. Diese sollte eine absatzlose, weiche Sohle haben und dem Vorderfuß allen Raum lassen. Die große Zehe muss geradeaus zeigen können!!

Wenn Sie ein Barfußgefühl in Ihrer Fußbekleidung haben, dann ist es die richtige!

Die neue Fußbekleidung entspricht dem GODO-Bewusstsein und heißt GODO.

Um GODO spielend leicht erlernen und praktizieren zu können, wurde eine Fußbekleidung mit einer speziellen Sohle geschaffen. Sie wurde mit einem besonders weichen Polster versehen, welches unter dem Fußballen ist. In Verbindung mit einem eingebauten Trigger im Fersenbereich, erinnert er den Träger, dass er mit dem Ballen fühlend gehen will.

Mit diesem GODO-Schuh wird auch die letzte Phase eines jeden Schrittes fühlbar bewusst gemacht: Das Absenken der Ferse bis in den Stand, das Zur-Ruhe-kommen. Am hohen Aggressions- und Stresspotential dieser Welt zeigt sich, wie wenig der Hackengänger diese letzte Phase kennt.

Der GODO ist eine außerorthopädische Fußbekleidung: Orthopädisch gesehen ist er als ein außerordentlicher Schuh zu verstehen. Menschlich gesehen kann er vor orthopädischen Problemen schützen.

Mein Feund Martin Adam fertigt Fußbekleidungen aus natürlich gegerbten Ledern nach Maß an. Dazu müssen Sie ihn am besten selbst anrufen: Tel/Fax: 07565-914296

Für Kinder gibt es schon ausgezeichnete Fußbekleidung für die Zeit der Gangentfaltung, die Papoutsis® von der Firma »natürlich stier«.
Kundentelefon/Vertrieb
Meisenstraße 5
75447 Sternenfels
Tel. (07043) 907111
Fax (07043) 907112

Kinderfüße sind besonders empfindlich, und eigentlich wäre Barfußlaufen für deren Entwicklung am besten. Leider ist das nicht immer möglich. Die Papoutsis bieten da einen Kompromiss: Ohne zusätzliche Sohle vermitteln sie das Gefühl von direktem Bodenkontakt und fördern Fuß- sowie Beinmuskeln, schützen die kleinen Füße aber trotzdem. Papoutsis gibt es aus rein pflanzlich gegerbtem Leder in lustig bunten Farben. Sie sind in jedem Naturwarenladen sowie in ausgewählten Fachgeschäften erhältlich.

Solange Ihnen noch die passende Fußbekleidung fehlt, üben Sie bitte jede einzelne Schrittphase barfuß.

Wenn Sie das Gefühl haben, eher ein willensschwacher Mensch zu sein, beginnen Sie ausgiebig mit der Phase »Ich will«.

Aber auch, wenn Sie sich für besonders willensstark halten, können Sie mit der Konzentration auf das Heben der Ferse und das synchron gesprochene oder gedachte »Ich will« beginnen. Dadurch entsteht ein sehr willkommener Effekt: Schon nach wenigen Schritten werden Sie zum Ballengänger, weil Sie, durch die besondere Konzentration auf den positiven Willen, ganz unwillkürlich das von Ihrer Hackengängerkonditionierung erzeugte unwillkürliche Heben der Fußspitze, das »Ich will nicht...« vergessen. Das ist ein Trick, den besonders der willensstarke Hackengänger benutzen sollte, um sich selbst zu beweisen, wie leicht er den überflüssigen negativen Gestus loslassen kann. Für den mit Stress beladenen Menschen empfiehlt sich, mit der Konzentration auf das Absenken der Ferse, mit dem »Ich komme zur Ruhe« zu beginnen. Bei einem langsamen Rückwärtsschreiten kann man die Lösung im Fußgelenk sehr gut spüren.

Spontan integrativ wirkt auf jeden das »Ich fühle«. Wir

treten dabei mit der Erde geh-fühlt in eine liebende Beziehung. Jeder Schritt ist gefühlte Hinwendung, deren Echo unser Herz bewegt.

Denken Sie daran, dass es um Ihre Aufrichtung geht, und genießen Sie es, ein in Dankbarkeit durch die Welt wanderndes Herz zu sein. *Lassen* Sie sich gehen!

Übrigens: Beobachten Sie einmal beim Fahrradfahren, mit welchem Teil Ihres Fußes Sie die Pedale berühren.

Glückwunsch, wenn es der Vorderfuß (Ballen) ist, denn dann haben Sie bereits ein günstiges Vorgefühl für den Ballengang. Außerdem ist das ein Zeichen für geistige Wachheit.

Wenn Sie sich noch nicht gleich für eine Umstellung zum Ballengang in der Öffentlichkeit entscheiden mögen, dann gönnen Sie sich täglich ein- bis zweimal fünf Minuten einige Barfußübungen:

1. Füße in den »Fesseln« lockern. Stellen Sie sich dazu abwechselnd auf ein Bein und schlackern Sie mit dem Fuß des Spielbeines. Wechseln sie ein paar mal die Seite, damit Sie leichter locker lassen können. Wenn Sie dabei das Gleichgwicht verlieren sollten, dann suchen Sie sich einen Halt.

2. Zur Selbsterfahrung in der ersten Dimension: »Marschieren« Sie vor dem Schlafengehen und nach dem Aufstehen mit lockeren Fußgelenken auf der Stelle. Auf diese Weise können Sie sich in die Natürlichkeit der Ballengangbewegung einfühlen. Die sich dabei einstellende Synchronisation Ihrer Hirnhälften lässt Sie tiefer schlafen und heller wach sein. Vergessen Sie bei dieser Übung nicht die Gegendrehung in der Schulter. Dabei kommen alle Ihre Wirbelsäulengelenke zum Tanzen.

3. Zur Eroberung der zweiten Dimension: Sie können sich diese Übung auch noch etwas phantasievoller gestalten. Machen Sie kleine Einzelschritte in die verschiedenen Richtungen der Fläche: seitwärts, rückwärts, schräg nach vorne, rechts und links, übertreten mit dem einen Fuß über den anderen. Alles in dauerndem Wechsel.

4. In die dritte Dimension: Auf der Stelle hüpfen: hoch, hoch, hoch und nach Belieben etwas vor, seitwärts und zurück. In den Knien elastisch bleiben.

5. Ein wenig vierte Dimension: Auch eine psychodynamische Übung kann sehr hilfreich sein. Dabei stellt man sich noch im Bett liegend vor, wie ein schreitender Gang zum lustvollen Aufrichtungsgefühl im gesamten Körper führt.

Die Vielfalt der Informationen, die Ihnen hier begegnet ist, hat nur einen zentralen Bezugspunkt, das GODO, also den Ballengang. Ich möchte Ihrem Bewusstsein so viele Anhaltspunkte wie möglich zur Verfügung stellen, damit sich keine resignativen Gefühle in Ihrem Fleische breit machen können.

Möglicher Widerstand gegen das GODO kann die vielfältigsten Ursachen haben. Einige davon möchte ich Ihnen einmal aufzählen:

1. Meist sind Gewohnheiten schwer aufzugeben.

2. Was den Hackengang betrifft, sind wir leider alle Gewohnheitsmenschen.

3. Wenn es ums Loslassen geht, dann reagieren wir mit Zweifel und halten lieber am Alten fest.

4. Die psychosoziale Bedeutung des Hackenganges als eine der schwierigsten Anpassungsleistungen zeigt sich dadurch, dass sie, schon bei dem gedachten Versuch sie aufzugeben, größte Verwirrung auslösen kann.

5. Die speziellen modischen Vorlieben, die der einzelne im Bezug auf Schuhwerk gebildet hat, um, wie er glaubt, damit seine besondere Individualität signalisieren zu müssen, werden paradoxerweise oft gerade dann, wenn sie mit den größten Opfern verbunden sind (schmerzende Füße, Verletzungen, Enge, Fußverformungen, Rückenschmerzen) fanatisch verteidigt.

6. Die Angst aufzufallen, »was sollen die anderen von mir denken?«

Deshalb kann es beim Lesen dieses Buches immer wieder zu folgenden Einflüsterungen kommen: »Warum soll *ich* jetzt ausgerechnet GODO gehen, wenn niemand sonst es tut?« oder »Bisher bin ich doch auch so gut gelaufen!« oder ...
...»Ich muss erst meine Schuhe auf die alte Weise ablaufen!« usw.

Ich wünsche Ihnen, dass Ihre Einsicht stärker sein wird und Sie sich von einem ganz bestimmten Tag an werden entscheiden können, GODO zu gehen.
Nehmen Sie sich dann mindestens einen Zeitraum von drei Monaten vor, in dem Sie versuchen, jeden Schritt im GODO-Bewusstsein zu machen. Sie werden

es am Anfang immer wieder vergessen und nur allzuoft in den alten Trott fallen. Machen Sie sich keine Vorwürfe, wenn das passiert. Sie haben alle Zeit, die Sie sich dafür geben. Sehen Sie es als ein Spiel mit sich selbst an. Jeder Schritt ist Ihrer! Gehen Sie in sich! Kommen Sie zu sich! Experimentieren Sie anstatt zu imitieren! Bekennen Sie sich zu Ihrem höchst persönlichen Staat, dem Körperzellenstaat! Sie selbst sind eine Natio (lat. = Geburt).

Ein kleines Problem sollte hier noch angesprochen werden. Durch den Ballengang richten Sie sich automatisch besser auf, die Hüften schwingen freier und auch die Gegendrehung von Schultergürtel und Becken sind ausgeprägter. Dabei kann uns Scham überfallen. Wir empfinden uns subjektiv als zu auffällig. Objektiv fällt es aber niemandem negativ auf, deshalb genießen Sie es, amüsieren Sie sich einfach, und bleiben Sie Ihrer Entscheidung treu.

So erleben Sie eine durchgehende Alltagsmeditation, bei der Sie sich nicht aus dem täglichen Geschehen in die Stille zurückziehen müssen, wie das viele andere Meditationsformen fordern.

Sich einen Zeitraum von einem Jahr vorzunehmen, ist ideal, weil Sie dann wirklich genügend Gelegenheit haben, erste positive Auswirkungen zu erleben und dabei eine so große Sensibilität entwickeln, dass Ihnen danach jeder Schritt über die Hacken geradezu leid tun wird.

Der heilige Franziskus, ein Barfußläufer, sagte einmal: »Es hilft Dir nicht zum Gebet zu gehen, wenn nicht Dein Gehen schon ein Gebet ist.« Sie sehen: Der Weise sagt, was alle wissen und die Weisheit ist so einfach, dass sie keiner glauben will.

Der praktische Erfolg von GODO

GODO lehrt uns den aufrechten Gang, den Ballengang. Dabei stellen sich vergessene Körperempfindungen, die ein Wohlbefinden auslösen, wieder ein.

GODO lässt die hackengangbedingten, reaktiven Bewegungsmuster verschwinden. Wir werden von der Fehlprogrammierung unseres Bindegewebes befreit. Der Bindegewebskörper enthält, wie Echos, viele Erinnerungen an Erschütterungen durch falsches Gehen (schon im Mutterleib muss der Hackengang als falsches Vorbild ertragen werden). Diese werden durch GODO gelöst. Die ballengehende Mutter erzeugt dieses Problem gar nicht erst.

GODO-praktizierende Schwangere gestalten dem Ungeborenen ein elastischeres Milieu, ihre Körper schwingen harmonischer, so dass die Entfaltung der Vernetzung von Gleichgewichts-, Schwerkraft- und Gehörsinn des Ungeborenen harmonischer verläuft.

GODO kann durch die doppelte Muskelpumpe viele Venenleiden erleichtern bzw. sogar verhindern.

GODO kann durch die Verbesserung der Durchblutung und durch eine Aktivierung und Harmonisierung der Beweglichkeit überflüssige Pfunde besser verstoffwechseln und damit abbauen.

GODO lindert Arthrosen.

GODO hilft bei fehlhaltungsbedingten Bandscheibenschäden, löst Probleme im Muskel-Skelettsystem, der schwache Rücken wird gestärkt und elastisch.

GODO reguliert Senk-, Spreiz-, Platt- und Knickfüße durch aktiven Einsatz der Füße beim Schreiten.

Wer GODO geht, knickt nicht mehr so leicht um.

Sie sollten auch bei der Arbeit GODO gehen.

GODO lässt uns auch bei schweren körperlichen Arbeiten immer noch frischer werden. Verletzungen im Muskel- und Skelettsystem werden seltener.

GODO verhindert Achillessehnenabrisse. (Der Sportler geht in der Trainingspause für ein paar Wochen im normalen Hackengang, wobei er seine Achillessehne nur beim Abrollen und nicht beim Aufsetzen benutzt. Kommt der Sportler so einseitig »trainiert« aus der Pause wieder zum Training, kann es passieren, dass innerhalb der ersten halben Stunde seine Achillessehne reißt. Die Statistik zeigt, dass 80 Prozent aller Achillessehnenabrisse unter diesen Umständen passieren.)

GODO heilt Schweißfüße! Bisher haben alle, die GODO praktizieren, innerhalb von sechs Wochen keine Schweißfüße mehr. Der berühmte »athlets foot« gehört damit der Vergangenheit an.

GODO erlöst uns langsam von der unbewussten Fallangst, indem es unser Gleichgewicht harmonisiert.

GODO harmonisiert Bewegung, Atmung, Kreislauf und nicht zuletzt auch die Sexualität.

GODO hilft, den Asthmaanfall zu bremsen und bringt das Asthma häufig ganz zum Verschwinden.

GODO synchronisiert unsere beiden Gehirnhälften (Hemisphärensynchronisation).

GODO macht uns dynamischer und damit in allen Lebenslagen erfolgreicher.

GODO baut Aggressionen ab.

GODO verhindert bestimmte Formen des Älterwerdens, weil es elastischer, gelassener, konzentrationsfähiger und aktiver macht.

GODO erreicht – wie das Tanzen, nur beständiger – die Harmonisierung der männlichen und weiblichen Kräfte in unserem Gefühlskörper, dem Kreislauf.

GODO ist die ideale Art, dem Asphalt zu begegnen. Bedenken Sie nur, dass Ihnen das bisher noch nicht eingefallen ist. Stattdessen ließen Sie sich moderne Absatztechnologien (Luft- und Geleepolster) in Turnschuhen aufschwatzen.

Viele **Neurosen**, die heutzutage noch medikamentös behandelt werden müssen, könnten in Zukunft spielend leicht im Ballengang bewältigt werden.

Patienten, die zu **Allergien** neigten, erfuhren durch GODO deutliche Besserungen.

Selbst bei akuten **Depressionen, aber auch bei psychotischen Schüben** half einigen Betroffenen schon die Erinnerung an GODO und ein einzelner Schritt im Ballengang.

GODO Fitness

GODO ist von außerordentlicher Bedeutung für alle Leute, die gerne in Fitnesszentren gehen. Es ist wichtig für die Ausbilder in den Sport- und Fitnesszentren sowie für alle die, die sich in diesen Zentren oder zu Hause mit Maschinen trainieren, denn durch GODO alleine kommen wir in eine Sensibilität, die wir das emotionale Gewahrsein nennen können. Dieses emotionale Geh-wahr-sein ist die Garantie für die psychische Wirksamkeit, die dem physischen Trainingseffekt wie das Salz der Suppe zugeordnet sein muß.

Solange der Hackengänger GODO nicht wenigstens kennt, hat er seinem Körper noch nicht mitgeteilt, dass er eigentlich für den Ballengang ausgelegt ist. Er beherrscht seinen Körper mit einem falschen Programm. Er beleidigt seine Körperintelligenz. Alleine die Information GODO läßt die Körperintelligenz zu sich kommen, indem sie sie in ihrem tiefsten Wissen bestätigt.

In früheren Kapiteln habe ich gezeigt, dass bereits die Information GODO den Körper derart entspannen kann, dass Allergien, die ja bekanntlich der Ausdruck von grenzwertiger Gestresstheit sind, ohne die konsequente Umstellung vom Hackengang zum Ballengang, verschwunden sind.

So wie die sogenannten INDIGO-KINDER plötzlich zur Ruhe kommen, wenn man sie nicht weiterhin abwertet, sondern sie in ihrer Eigenheit akzeptiert, so reagiert Ihr Körper, wenn Sie ihn in seiner genetischen Wirklichkeit als Ballengänger bestätigen (zu INDIGO-KINDER siehe Literaturhinweis).

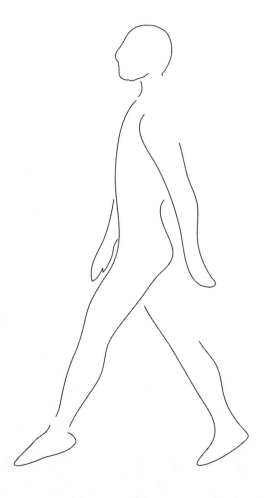

Eine Fallgeschichte

Die wundersame Heilung eines acht-jährigen Jungen

Zu guter Letzt möchte ich noch eine Begeben-heit schildern, die nicht sehr leicht im Ganzen erfasst werden kann. Lesen Sie sie ruhig wie ein Märchen, vielleicht sogar mehrmals, dann werden die verschiedenen Ebenen allmählich durchsichtig.

Eigentlich geht es um Sina, einen achtjährigen persi-schen Jungen. Nach seiner Geburt litt Sina zwei Jahre lang an Neurodermitis. Danach verschwand die Neu-rodermitis, wurde aber, wie so oft bei diesen Fällen, von einem nicht weniger unangenehmen Asthma ersetzt. Die Medizin kennt diesen typischen Krank-heitsverlauf. In den letzen sechs Jahren musste Sina etwa zweimal wöchentlich wegen besonders schwerer Asthmaanfälle, an denen er zu ersticken drohte, mit Blaulicht ins nächste Krankenhaus gefahren werden.

Ich lernte seinen Vater kennen, während ich in einer Praxis für Naturheilverfahren im Rahmen des Gesund-heitstourismus im griechischen Teil Zyperns in einer Hotelanlage arbeitete.

An der Rezeption versah ein sehr stiller Mann von orientalischem Aussehen den Nachtdienst. Es war Sinas Vater. Wenn wir uns begegneten, waren es mehr die Bli-cke als die Worte, die wir austauschten. Er sprach wenig und wenn, dann sehr langsam und bedacht, allerdings in einem erstaunlich guten Englisch. Ich brauchte etwas Zeit, um wahrzunehmen, wieviel er zu erzählen hatte.

Es stellte sich bald heraus, dass er mit seiner Familie ein Asylantendasein in Zypern fristete.

Da er aus einer angesehenen Moslemfamilie stammte, und obwohl er der wohl bekannteste Fußballnationalspieler und auch noch einer der besten Studenten seines persischen Heimatlandes gewesen war, bevor er acht Jahre lang als General der Mudjaheddin einen fürchterlichen Krieg überlebte, musste er sein Land fluchtartig verlassen, um der Rache des Mullahregimes und seiner fundamentalistischen Schergen gerade noch so zu entgehen. Schon vor Sinas Geburt hatte er bei einem Studienaufenthalt auf Zypern sein Englisch mit Hilfe der Bibel studiert und war vor etwa fünf Jahren, ohne es an die große Glocke zu hängen, mit Frau und zwei Söhnen zum Christentum konvertiert.

Nachdem einige »Freunde der Familie« die Bibel in seinem Haus in Teheran hatten herumliegen sehen, stellten sie ihre Besuche abrupt ein. Kurz darauf wurde ihm von der Bank, in der er als beliebter Manager seit Jahren arbeitete, gekündigt. Er fand in der Folge nirgends mehr Arbeit. Schließlich wollte er sich zum reinen Überleben von den Luxusgegenständen wie Autos und Fernsehern trennen. Er inserierte sie in der Zeitung und fand auch leicht Kunden, jedoch brachten diese alles am nächsten Tag wieder und forderten ihr Geld zurück, weil sie nichts von einem Andersgläubigen haben wollten.

Die Familie hatte keine andere Wahl, als sofort die Flucht zu ergreifen, und so waren sie in Zypern bei einigen seiner ehemaligen christlichen Studienkollegen gelandet. Die Familie musste sich mit einer Einzimmerwohnung begnügen, wie das oft so ist, wenn man Asylant ist. Der Vater arbeitete seit fast drei Jahren tags auf dem Bau oder in einer Marmeladenfabrik und nachts da, wo ich ihn kennenlernte. Die Mutter, eine Gymnasiallehrerin, wurde Näherin in einer Kleiderfabrik. Sina und sein zehnjähriger Bruder entwickelten sich trotz allem oder vielleicht gerade wegen dieser sie stark fordernden Situation in diesen drei Jahren zu den besten Schülern ihrer Klassen in der griechischen Schule. Sie sprachen und schrieben fließend drei Sprachen. Das hatte ich alles herausgefunden, bevor mir der Vater vom Asthma seines jüngeren Sohnes erzählte und mich bat, ihn doch einmal mit der Bioresonanztechnik, einer Weiterentwicklung der Elektro-Akupunktur, ausgleichend zu behandeln. Ich hatte Sina schon zweimal kurz gesehen, als er den Vater zum Hotel begleitete. Er ist ein zarter, sehr lebendiger und extrem aufgeweckter Junge von der Schönheit eines orientalischen Prinzen.

Plötzlich erschien mir die Hightech-Ausstrahlung der Bioresonanzgeräte und ihre gleichzeitige Undurchschaubarkeit für ein solches Kind geradezu als unzumutbar. Ich wollte versuchen, dieser sprühenden Intelligenz nicht mit einer »Blackbox« wie ein Magier zu begegnen, ohne wirklich vermitteln zu können, was da wirkt.

So schlug ich dem Vater vor, bei ihm zu Hause während eines Nachmittages mit dem Jungen über GODO zu arbeiten. Ich erklärte ihm, dass ich dazu der Mitarbeit beider Eltern bedürfe. Dabei würde ich der ganzen Familie eine lange Geschichte erzählen. Er müsse mir nur seine und seiner Frau konzentrierte Aufmerksamkeit versprechen, damit die Kinder, davon mitgerissen, ebenso aufmerksam sein würden. Die räumliche Beschränkung auf nur ein Zimmer sollte mir dabei entgegenkommen.

Wir verabredeten uns gleich für den nächsten Samstag. Seine Frau bereitete ein herrliches persisches Reisgericht in traditioneller Weise mit echtem Basmatireis zum Mittagessen vor. Am Vormittag nahmen wir zunächst an einem Gottesdienst für Asylanten teil, einer Einrichtung, die einerseits dazu dient, mit den Zyprioten ein innigeres Verhältnis zu erreichen und gleichzeitig referenzwürdig zu werden für die Umsiedlung und Aufnahme in ein entsprechendes Zielland.

Nach der Kirche gingen wir über die Strandpromenade. Hier nutzte ich zum erstenmal die Möglichkeit, mit Sina ins Gespräch zu kommen. Ich führte ihm meine Gangart über den Vorderfuß vor, was ihn sofort in einem ausgeprägten Hackengang mit mir konkurrieren ließ. Er flitzte mir, mit großen Schritten bei gekrümmtem Oberkörper über die Hacken abrollend, einfach davon. Das sah sehr emsig und etwas nach Donald Duck aus. Ich gratulierte ihm zu seiner Vorführung, und wir unterhielten uns über andere Dinge, die ich jetzt nicht mehr erinnere.

Zu Hause angekommen, setzen wir uns um den Tisch, und während das Essen aufgetragen wurde, weihte mich der Vater in das persische Trinkritual ein. Er goss mir ein großes Glas hochprozentigen Traubenschnapses auf Eis ein und dazu ein Glas Coca-Cola, ebenfalls auf Eis. Ich wollte abwehren, weil ich seit Jahren gar keinen Alkohol mehr trank. Aber nun lernte ich erst einmal kennen, was ein echter *Sabri* ist. Er erklärte mir, dass ich mir keine Sorgen machen müsse, denn er selbst sei schon mit sechzehn Jahren zu einem der jüngsten Sabris von ganz Persien ernannt worden. Die Sabris seien *Trinkmeister*. »Wenn eine Gesellschaft von Männern trinken will, dann sucht man sich zunächst einen Sabri. Dieser garantiert dafür, dass alle sicher nach Hause kommen, egal, wie hoch es auch hergehen mag. Der Sabri sitzt am Kopf des Tisches und schenkt allen ein. Er bestimmt gelegentlich auch, dass jemand, der glaubt, genug zu haben, doch noch weitertrinkt, damit die ganze Runde sich wie auf einer aufsteigenden Stimmungsspirale weiterbewegen kann. Zum Schluss werden alle vom Sabri sicher nach Hause gebracht.« Ich ließ mich auf diesen Meister ein und aß diesen Reis, bei dem jedes Korn einzeln auf der Zunge zu tanzen schien, während ich langsam die Geschichte von GODO, dem schreitenden Gang über den Vorderfuß, zu erzählen begann. Meine Gastgeber wurden sehr hellhörig und verrieten mir ihrerseits, dass sie schon vor ihrer Ehe gemeinsam fünf Jahre lang aktiv Yoga geübt hatten, nun allerdings traurig seien, es ausgerechnet in diesen schwierigen Zeiten vernachlässigt zu haben.

Das Gespräch blieb also nicht einseitig, die Informationen flogen hin und her, und die Kinder waren voll dabei. Sina wollte mehrfach den Tisch verlassen, um uns seine Yogakünste vorzuführen. Er musste sich gedulden, bis das Essen beendet war, aber dann waren wir alle nicht mehr zu halten. Jeder führte seine Übungen vor. Der Vater und die Kinder beherrschten allerlei sehr überzeugende Hinfall- und Aufstehtechniken. Jeder begann seine Kunst zu erklären und lauschte sehr aufmerksam den Erläuterungen der anderen. So hatte ich keine Mühe, für das GODO ausreichend Gehör und volles Verständnis zu finden. Alle übten mit. Wir tobten uns mit den verrücktesten Schritten und anderen Übungen über Stunden aus, während der Sabri mir immer kräftig nachschenkte. Als die Kinder schon längst im Bett waren, brachte er mich ins Hotel zum Schlafen, und ich begleitete ihn zur Nachtschicht an der Rezeption desselben.

Seit diesem Nachmittag hatte Sina nie wieder einen Asthmaanfall, dabei ist er nicht einmal zum aktiven Ballengänger geworden. Offensichtlich hatte ihn allein die Information über seine eigentliche Gangart geheilt.

Eine Woche nach unserem Treffen schenkte er mir ein kleines Bild, welches er selbst erschaffen hatte. Seine Mutter verriet mir, dass er tagelang verschiedene Variationen davon gebastelt hatte, die er aber alle verworfen habe, bis er schließlich mit dieser Form zufrieden war.

127

Ich habe es hier in der Originalgröße abgebildet.

Es zeigt Sina vorher und Sina nachher. Man muss dazu wissen, dass die Perser von rechts nach links schreiben und folglich auch andere logische Abläufe auf eine uns ungewohnte Weise umgekehrt darstellen. Sina schildert hier seine Befreiung aus einer Gefangenschaft durch eine dreischichtige netzartige Fesselung, die sich in seinem Asthma spiegelte. Mir scheint das ein Abbild des asthmatischen Zustandes seiner Selbstvorstellung auf Bindegewebsebene zu sein. In diesem Zusammenhang kann man das Bindegewebe als Träger von Körpervorstellungsmustern erkennen. Offensichtlich hat allein die Information, dass wir eigentlich nicht als Hackengänger geboren werden, Sina von diesem Körpervorstellungsmuster befreit. Die ausgelassenen Übungen an diesem einen Nachmittag haben ihn schließlich voll integriert.

Die Familie lebt jetzt seit drei Jahren glücklich und gesund in Kanada.

Erfahrungen mit GODO

Lieber Doktor Greb!

Seit wir uns begegnet sind, im Sommer 1998, ist vieles passiert. Ich weiß nicht, ob Sie sich noch erinnern, ich bin die kleine 60-jährige Fotografin aus Kiel und wir sind uns bei einem Sitar-Konzert bei Johannes Löffler im Zentrum Oase begegnet. Damals trugen Sie Ihre Gedanken zu GODO vor und gaben mit Ihrer eigenen Gestalt ein gutes Bespiel. Es brauchte etwa 6 Wochen, bis ich GODO vollkommen harmonisch und ohne in die 60 Jahre alte Ganggewohnheit zurück zu fallen, beherrschte. Damals habe ich Ihnen nicht erzählt, dass ich zu 70 Prozent invalidisiert bin; auf Grund eines Verkehrsunfalles, bei dem eine zentrale Hüftluxation das Becken mehrfach zertrümmert hat und eine Seitendifferenz von 4,5 cm in der Breite des Beckens zurückgeblieben ist. Als Tanz- und Gymnastiklehrerin und Krankengymnastin wurde ich dadurch berufsunfähig. Seit diesem Unfall vor 25 Jahren war ich nie schmerzfrei. Durch meine körperliche Ungeschicklichkeit zog ich mir vor 5 Jahren noch eine Fersenbeintrümmerfraktur zu, die relativ gut ausgeheilt ist. Über die Jahre, und ich war ja nicht mehr die Jüngste, hatte ich mir schmerzende, etwas krumme Hüftgelenke zugezogen und ging leicht vorgebeugt und Rennen war nicht mehr. Die Ärzte erlaubten mir eigentlich nur 1 km pro Tag zu gehen.

Beim GODO-gehen fühlte ich mich sofort viel beschwingter und besser gelaunt, aber meine krummen Hüften verschafften mir zuerst Muskelkater in den Waden und im Körper, weil ich mich irgendwie mehr aufrichtete und die krummen Hüften wurden wieder gerade. Ich kam schneller voran, meine Beine wurden kräftiger und ich kam schneller auf die Erde, was bei meiner Arbeit als Fotografin beim Fotografieren von Kindern ja immer die größte Mühe machte. Durch den Unfall waren meine Beine verschieden lang, was ich bisher mit einem geraden und einem leicht gebeugten Knie ausgeglichen hatte. Nun gehe ich gleichmäßiger und strecke mit beiden Beinen gleich, weil ich mit den Füßen mehr nach vorne strecken kann und ich renne auch wieder, tanze Tango und bin in einer Volkstanzgruppe. Kürzlich ging ich in den Bundschuhen von Martin Adam 14 km durch die Berge. Ich fühle mich in den letzten zwei Jahren um viele Jahre jünger.

Eine Sache möchte ich Ihnen noch erzählen: Nach etwa 6 Wochen GODOpraxis geriet ich, vielleicht durch Übermut, weil ich soviel wieder konnte, in eine Schmerzkrise im Rücken. Nach einigen Sitzungen Akupunktur war ich wieder ganz schmerzfrei. Nur wenn ich zuviel im Garten arbeite oder Fenster zum Streichen aushänge, kann mir schon mal altersentsprechend der Rücken wehtun.

Meine berufliche Arbeit als Fotografin hat an Kreativität und Erfolg zugenommen.

Vielen herzlichen Dank,

Ihre Ute Boeters, Kiel

Sehr geehrter Herr Dr. Greb,

gerade habe ich Ihr Buch zuende gelesen und möchte noch drei Ausgaben bei Ihnen bestellen – zum Verleihen und Auslegen. Bisher habe ich meine Patienten immer zum Gehen animiert, weil es für mich die sinnvollste Bewegung ist – nun ist es GODO. Bemerkenswert ist, dass JEDER sofort die Leichtigkeit wahrnimmt. Es gefällt mir sehr sehr gut, dankeschön.

Herzlichst Sylvia Pietrzok, Neukirchen

Lieber Peter!

Du hast mich gefragt, ob ich zu GODO etwas sagen möchte und ich habe begeistert spontan »ja« gesagt!
Also:
GODO... und was bedeutet es wirklich für mich?
Es konkret auf den Punkt zu bringen, ein schwieriges Unterfangen!
Was hat sich verändert?
Ich denke, dies ist ein guter Ansatzpunkt:
6 Jahre ist es her, dass ein fröhlicher, liebender Mensch mit einem unverschämt langen Bart in mein Leben trat. Und mit ihm GODO.
Im Grunde recht einfach zu erlernen, doch für mich mit meiner über Jahre antrainierten Kontrolle und dieser Anspannung eine echte Herausforderung.
Plötzlich wurde verlangt, loszulassen. Ersteinmal nur im Fuß, doch eh ich mich's versah, versuchte mein ganzer Körper mitzuziehen. Das Becken, der Unterleib, die Schulterregion...

Es war nicht nur der Beginn eines veränderten Körpergefühls, nein, auch meine emotionalen und geistigen Muster, die sich in dieser gekrümmten Haltung mit leicht nach oben gezogenen Schultern und einer reinen Brustatmung zeigten, kamen plötzlich in Fluss.

Vieles wehrte sich in mir mit Händen und Füßen gegen diese Aufrichtung, die eine Auseinandersetzung mit vielen verdrängten oder unter Kontrolle gehaltenen z. T. schmerzhaften Themen bedeutete!

Es hat schließlich einige Jahre gedauert, bis ich GODO in meinem täglichen Leben wirklich umgesetzt habe.

Jetzt, während meiner Schwangerschaft, ist mir der Wert von GODO nochmals richtig bewusst geworden: Die Schmerzen besonders im unteren Rücken, die viele Schwangere plagen, verschwinden nach ein paar Schritten GODO auf wundesame Weise. Selbst im letzten Monat der Schwangerschaft wirkt mein Gang verhältnismäßig leichtfüssig und es macht mir weiterhin Freude, mich aktiv zu bewegen. Besonders schön ist das Gefühl des Loslassens im Bauch, wenn ich so schreite: mein Baby wird sanft hin und her geschaukelt und der Schlag in den Unterleib bei jedem Schritt im Hackengang fällt einfach (!) weg!

GODO... und was bedeutet es wirklich für mich: GODO bedeutet für mich Bewusstwerdung.

Bewusst zu werden in mir und bewusst zu werden im Kontakt mit dem Außen!

Es ist so etwas Wunderbares, im Sommer am Strand barfuß GODO zu gehen und Mutter Erde ganz behutsam und liebevoll mit den Füßen zu berühren!

DANKE

In Liebe Sinje, Hamburg

Lieber Peter,

heute möchte ich mich herzlich bedanken, dass ich an einem Deiner GODO-Workshops teilnehmen konnte. Seitdem habe ich ein neues wunderbares Gefühl für meinen Körper bekommen und ihn kennen und lieben gelernt.
Durch den richtigen Gebrauch meiner Füße komme ich mir leicht und schwebend vor. Angst vor Schmerzen im Skelettsystem ist jetzt Vergangenheit.
Durch das von dir erlernte Wissen bin ich mein bester Freund geworden.
Mit dem Wunsch, dass Du noch vielen Menschen, wie Du mir geholfen hast, ein positives Körpergefühl vermitteln kannst, verbleibe ich mit
lieben Grüßen
Gisela, Karlsruhe

Lieber Peter!

Ich möchte mich ganz herzlich bei Ihnen bedanken für Ihr bereicherndes Buch. Seit fünf jahren spielt die Liebe zur Erde eine zentrale Rolle in meinem Leben, aber auf die Idee, meinen Schritt so einfach zu ändern, wäre ich nie gekommen. Seit einer Woche laufe ich nun anders und kann die heilende Wirkung an mir schon deutlich spüren. Das was ich im Tanz erlebe, ist plötzlich so einfach in den Alltag zu integrieren. Ich glaube, in meinem Herzen war schon lange der Wunsch, die Erde liebend zu betreten, auf ihr zu »tanzen«. Und manchmal weiß das Herz schon den Weg... und führte mich zu mir selbst.
Grüße von Herzen
Jana, Berlin

Aus meinem GODO-Tagebuch
von Ellen Schernikau

4. März 1996: Immer wieder stelle ich fest, dass mir das schnelle Gehen im Ballengang schwerfällt. Die spiralig gegendrehende Bewegung des Körpers hilft zwar immens, behender vorwärts zu kommen und vermittelt darüberhinaus das Gefühl der Lust in der Wahrnehmung – und trotzdem gehe ich lieber langsam GODO. Beim schnellen Schritt habe ich immer noch das hemmende Gefühl der Rückwärtsbewegung, obwohl ich jetzt fast ein Jahr übe. Natürlich komme ich vorwärts, daoch das Abrollen von vorne nach hinten scheint ein Widerspruch zu sein, ist der Hackengang doch logischer?

Logisch hin, logisch her: Mir geht's gut, habe seit meiner Operation wegen eines Bandscheibenvorfalls immer Schmerzen gehabt, seit GODO habe ich keine Schmerzen mehr, und das ist das wichtigste! Und da ich Anliegen und Bedeutung von GODO verstehe, stelle ich mir jetzt mal die Frage: Warum will ich eigentlich schnell gehen? Abgesehen von einigen unvermeidlichen Anlässen, die zur Eile mahnen, könnte ich durchaus überwiegend langsam gehen, sprich wahrnehmen, fühlen, genießen, entspannen – also hiersein! Deshalb will ich mich nicht mehr ärgern über eine vermeintliche Unfähigkeit, sondern das tun, was ich kann, und das mit Genuss.

9.5.1996: Die Zeit wird knapp, ich muss den Zug erreichen. Mein Schritt wird schneller, und plötzlich spüre ich ständig ein tock-tock bis in den Schädel hinein – da bin ich also beim schnellen Gehen unwillkürlich in den Hackengang zurückgefallen. Ich ärgere mich maßlos. Kurz vor meinem Ziel, dem Bahnhof, sehe ich, dass genügend Zeit ist, bleibe stehen, werde ganz ruhig, fühle die Erde durch die Sohlen hindurch und bitte sie um Verzeihung. Ich küsse sie mit meinen Füßen, mache ein paar Übungen über die Ballen, atme ruhig und sage mir: Ich werde auf dich aufpassen genauso wie auf mich. Aufrecht godoe ich, und es geht mir wieder gut.

4. August 1998: Ich denke über Wortsinnstörungen nach. »Tust du mir einen Gefallen?« – wie oft wird diese Bitte ausgesprochen! Eine Bitte, die im Grunde eine »Falle« ist. Denn: Wer lehnt schon gerne eine Bitte ab? »Kommt drauf an«, wird manchmal entgegnet, aber man ist trotzdem bereit, etwas für den anderen zu tun, man will ja lieb sein, gebraucht werden. Geh-fallen heißt im Wortsinn »gehe und falle« (ins Ungewisse?) oder »geh in meine Falle«. Die Bitte ist also eigentlich eine Forderung: »Lass dich bestechen!« Sie ist ein Vertrag, bevor dem Gefragten der Inhalt bekannt ist: »Willst du mir gefallen, dann tu mir den Gefallen!«

Zu »ich will nicht«: Diese Aussage ist in sich ein Widerspruch. »Ich will« heißt: nach vorne gucken, nach vorn denken, ich habe etwas vor, ich beabsichtige etwas. Mit dem »ich will nicht« setze ich eine Negation gegen ein Positivum.
Z.B. »Ich will nicht streiten« sollte besser mit »Ich bin friedlich« oder »Ich will mich mit dir in Ruhe unterhalten« ausgedrückt werden. Wenn das Verhältnis zwischen Mutter und Kind auf dieser Basis entwickelt wird, wird das Kind statt »Ich will keinen Blumenkohl« »Blumenkohl schmeckt mir nicht« sagen.

20. März 2000: Ich gehe jetzt seit fünf Jahren GODO. Zugegeben: mit einigen Rückfällen. Schade,

dass ich das was ich jetzt weiß, nicht schon vor der Geburt meines Sohnes wusste.

Hier ganz zuletzt möchte ich Sie darauf aufmerksam machen, dass Sie GODO wenigstens für all die ganz kleinen Kinder, die in ihren Kinderwägen oder auf den Armen ihrer Eltern oder vom ersten bis dritten Lebensjahr auf der Ebene ihrer Beine lebend sich die Gangart der Erwachsenen, also Ihren Gang abgucken, mit gutem Beispiel voranschreiten sollten. Versuchen Sie jedoch niemanden und vor allem nicht Ihre Kinder zum GODO erziehen. GODO muss immer eine freie individuelle Entscheidung bleiben. Ihre Kinder brauchen nur Ihr Vorranschreiten im GODO. Wenn Sie sich entscheiden, aus lauter Liebe GODO zu praktizieren, werden Sie ganz nebenbei auch selbst davon profitieren. Hier liegt eine wirkliche Aufgabe und Chance.

Einsseinserfahrung beim Gehen
von Thomas Merkentrop

Indianische Erzählungen über solch wunderbare Erlebnisse hatten mich schon immer fasziniert. Außerdem war da noch das Abschalten des Inneren Dialoges, was durch nichts einfacher zu erreichen sei als durch Gehen und »den Eulenblick« (den Blick weit machen)! Schön! Also verbrachte ich eine intensive Zeit mit Gehen und – Frustration.

Obwohl es wirklich tolle Momente bei meinen Hackengangversuchen zum Einssein gab, stellte sich doch kein absolutes Gefühl ein, da ich immer zu sehr auf das Gehen achtete und zu allem Überdruss auch noch sehr sehr viel Denken musste. Dabei konnte ich wirklich richtig »weich« (oh je, der Finger in die Ohren Test nahm mir auch die letzte Illusion von weich) über die Hacke abrollen, aber mit was für einem Aufwand. Das stand in keiner Relation.

Irgendetwas musste hier anders laufen, bzw. gehen.

Mein Meisterstück war aber sicher die Anschaffung indianischer Mokassins zusammen mit der Frage »warum tun mir die Knie plötzlich so weh«, wobei ich natürlich auf meinen Füßen rum hackte. Doch genau dies brachte mich zum Ballengang. Denn wenn man einigermaßen sensibel ist, scheint es gar nicht möglich, mit Mokassins auf der Ferse zu gehen, ohne nicht nach spätestens zehn Minuten irgendwelche Wehwehchen zu kriegen.

So zeigten meine Füße »mein Gehen«! Seitdem sind die wunderbarsten Geschichten erzählt worden: Die Knie sind wieder fit und der gesamte Körper schwelgt in Gesundheit. Im Ballengang selber wird meine Nase frei, Allergien hören abrupt auch und ich bin sofort ausgeglichen. Dazu muss man aber sagen, dass ich immer auf dem Ballen gehe. Ob diese kleinen Wunder auch beim »ab und zu – halt - zwischendurch« entstehen, weiß ich nicht. Bei mir zeigten sich genau dann tolle Erfahrungen, als der Ballengang »normal« geworden war, so nach ca. zwei Wochen. Was am Anfang noch wie ein Staksen aussah, wurde nach Tagen bereits ein Schweben und tanzen. Einfach phantastisch! Ach ja und die Einsseinerfahrungen: Immer (nahezu) wenn ich in der Dämmerung (dann geht es am aller leichtesten, das ist die Zeit zwischen den Welten, spürt mal rein) durch die Naturgebiete gehe, verschmelze ich mit der Umgebung und ein tiefes Gefühl des Friedens berührt mein Herz. Es ist als ob die Stimmen der Natur in mir schwelgen.

Schlusswort

Es gibt viele gute Wirkungen durch das GODO-Training, doch fühlen Sie selbst, ziehen Sie Ihre Schuhe und Strümpfe aus und erforschen Sie Ihren lebendigen Fuß. Gehen Sie im Ballengang im Bewegungsrhythmus **Wollen, Danken, Fühlen** und zur Ruhe kommen. Dabei treten Sie zuerst mit dem vorderen Fußballen auf und kommen langsam absenkend mit der Ferse zur Ruhe. Genießen Sie Ihre frei bewegte, Ihre dynamische Aufrichtung. Schreiten Sie mit neuem Gefühl durch den Raum und begreifen Sie das Wort Geh-Fühl! Mit den Zehen fühlen Sie ballengehend hinein in diese Öffnungsmöglichkeit Ihres sich entfaltenden Bindegewebskörpers.

Gehen Sie einfach geh-fühlt und richten Sie sich dabei fröhlich und weiter auf, als es der Hackengang bisher zugelassen hat. – Beobachten Sie, wie das Ihren Atem befreit und genießen Sie die Aufhellung Ihrer Stimmung.

Die Erde ist die Geliebte, die große Partnerin unserer Körper. Sie ist unsere Primärbeziehung, nachdem wir nun einmal geboren sind. Unser Verhältnis zu ihr bestimmen wir mit der Art, wie wir sie berühren. Wer einmal realisiert hat, dass und wieviel Bedeutung die Art der Geh-bärde enthält, mit der unser Fuß sich der Erde nähert, der wird beginnen, für jedes Detail an der Basis unserer Bewegung Verantwortung zu übernehmen. Anstatt gehend über die Ferse zu marschieren, werden wir mit geh-löstem Fuß geh-fühlt, also über den Vorderfuß ballenbetont schreiten. Mit der Zeit werden wir uns aus dem Gefängnis der starren Form des Hackenganges, innerhalb dessen wir wie hungrige, verletzte und verschreckte Tiere auf die Überlebensprogramme im Stammhirn zurückgenommen waren, befreit haben.

Wir werden es zu wagen lernen, aus der Hackengängerkonditionierung »auszuschleichen« und dabei hindurchzuschreiten durch jenes unsichtbare Tor, welches den Hackengänger von der Wahrnehmung der Welt als einem Paradies trennt.

Vielen Dank an alle Hackengänger, denn ohne sie bzw. uns wäre diese Erfahrung nie gemacht und dieses Buch nie geschrieben worden.

*Mit fröhlichen Füßen
und Happy GODO*

Die Ausbildung zum GODOpäden

Die Ausbildung zum GODOpäden umfasst ein etwa 90-stündiges Curriculum, mit ganzheitsmedizinischen Informationen und vielen einfachen Übungen, durch die die Teilnehmer befähigt werden, einen Selbstheilungsweg zu gehen und denselben an Menschen aller Altersstufen in entsprechenden Kursen oder Einzelsitzungen weiterzuvermitteln.

Das Curriculum besteht aus drei Wochenendkursen und einem Intensive von einer Woche verteilt über den Zeitraum eines halben Jahres.

Ausgangspunkt der Stoffvermittlung ist die Analyse der »normalen« Gangart und ihrer Auswirkungen auf Körper, Geist und Seele.

Die durch den Ballengang (GODO) im Verhältnis zum Hackengang sich verändernden physiologischen Parameter in Kreislauf, Halteapparat, Bindegewebe und Nervensystem werden detailliert im holistischen Sinne erarbeitet. Dabei wird medizinisch, psychologisch, genetisch und morphologisch untermauert, ein Bogen gespannt von der Embryonalentwicklung über die Geburt (Land-/Wassergeburt) bis zur vollendeten Aufrichtung des Menschen.

GODO ist keine neue Theorie, keine Methode, sondern die Erinnerung an die Tatsache, dass wir genetisch angelegte Ballengänger und keine Hackengänger sind. Beim Ballengang setzen wir mit jedem Schritt die Ferse erst nach dem Vorderfuß auf.

Themenkreise:
1. GODO, das gesunde Gehen und neue Erkenntnisse zu Krankheitsentstehung und Symptomatik.
2. Neue Erkenntnisse zu Embryonalentwicklung und zum perinatalen Geschehen, Möglichkeiten der pränatalen Therapie.
3. Evolution des Gehirns, Zusammenhänge zwischen Gang- und Sprachentwicklung und die Bedeutung des Reptilien-/Stammhirns.
4. ICH-Psychologie und Entstehung von Ego und Über-Ich. Was ist das Selbst?
5. Der Kreislauf als unser Emotionalkörper.
6. Wollen, Denken, Fühlen – die Seelentaten bei Platon, Steiner und GODO.
7. Alternative Heilmethode zur Schulmedizin: Neuraltherapie, Bachblüten, Fußreflexzonenmassage, holotropes Atmen u.a.m.
8. In einem unfangreichen Übungsteil lernen die Teilnehmer ein ergonomisch ideales Gang- und Bewegungsverhalten kennen. Der Wert dieser Erfahrungen wird derart erlebar gemacht, dass die präventive/therapeutische Anwendung in den verschiedensten Bereichen eingesetzt werden kann.

Ziele:
Erhaltung der Lebens- und Arbeitskraft.
Stabilisierung der geistigen und seelischen Kräfte.
Förderung der individuellen Motivation.
Mobilisierung von Ressourcen.

Zielgruppen:
Auszubildende und Studenten aus medizinischen-pflegerischen, sozial- und psychotherapeutischen sowie pädagogischen Fachrichtungen.

Pflegekräfte, Physio-, Ergo-, Bewegungstherapeuten, Hebammen, Heilpraktiker, Mediziner, Pädagogen, Sport- und Gymnastiklehrer u.a.

GODO-Gangschule
Infos und Organisation der Ausbildung:

Winfried Hartwig
Wölfchesweg 11
63628 Bad Soden - Salmünster
Tel 06056 - 8379

Dr. med. H.-P. Greb
Klosterhof 5, 23795 Högersdorf
Tel/Fax 045516735

Terminvereinbarungen auch über
Ellen Schernikau, GODOpädin
Bernhard-Kellermann-Str. 34
39120 Magdeburg
Tel 0391-617981

Literaturverzeichnis

Ayers, Dr. A. Jean: Bausteine der kindlichen Entwicklung, Springer-Verlag, Berlin Heidelberg, 1998, ISBN 3540637419

Alt, Franz: Jesus – der erste Neue Mann
Piper, Mchn, 1998, ISBN 3492213561

Behrend, J. E.: Das dritte Ohr
Rowohlt TB-V. Rnb., 1988, ISBN 3499184141

Castaneda, Carlos: Die Reise nach Ixtlan
Fischer TB-V., Ffm, 1998, ISBN 3596218098

Carroll, Lee/ Tober Jan: Die Indigo-Kinder
KOHA-Verlag, ISBN 3-929512-61-0

Darwin, Charles: Die Entstehung der Arten
Reclam, Ditzingen, ISBN 3150030714

Enning, Cornelia: Erlebnis Wassergeburt
vgs – Verlagsges. Köln, 1995, ISBN 3802512979

Estés, Clarissa P.: Die Wolfsfrau, die Kraft der weiblichen Urinstinkte, Heyne, Mchn., 1997, ISBN 3453132262

Grof, Stanislav: Geburt, Tod und Transzendenz
Rowohlt TB-V. Rnb., 1990, ISBN 3499187914

Grof, Stanislav: Cosmos und Psyche
Fischer-TB, Ffm, 2000, ISBN 3596146410

Grof, Stanislav: Topographie des Unbewussten
Stgt, 1997, ISBN 6308952322

Hellinger, Bert: Die Ordnungen der Liebe
C. Auer-Verlag, Heidelberg, 1997, ISBN 3896700006

Jung, C. G.: Das C. G. Jung- Lesebuch
Walter-Verlag, Düsseld., 1998, ISBN 3530700010

Leboyer, Frederic: Geburt ohne Gewalt
Goldmann, Mchn., 1999, ISBN 3442161959

Liedloff, Jean: Auf der Suche nach dem verlorenen
Glück, Ch. Beck-Verlag, 1999, ISBN 340645724

Long, Barry: Nur die Angst stirbt

Long, Barry: To Woman in Love
Barry Long-Books, 1996, ISBN 0950805084

Morgan, Elaine: Die Kinder des Ozeans
Goldmann, Mchn – vergriffen

Morgan, Elaine: The Descent of Woman
souvenir press, 1997, ISBN 0285627007

Nijinski, Waslaw: Ich bin ein Philosoph der fühlt
Berlin-Verlag, Berlin, 1996, ISBN 3827001900

Orr, Leonard / Halbig, Konrad: Das Rebirthing-Buch -
Die Kunst des Atmens, KOHA-Verlag, Burgrain, 1996,
ISBN 3929512084

Odent, Michael / Johnson, Jessica: Wir alle sind
Kinder des Wassers, Kösel, Mchn., 1995, ISBN
3466343313

Roth, Gabriele: Das befreite Herz

Sidenbladh, Erik: Wasserbabys
Synthesis-Verlag, Essen, 1983, ISBN 3922026184

Steiner, Rudolf: Philosophie der Freiheit
Rudolf-Steiner-Verlag, Dornach, 1995, ISBN
3727400404

Steiner, Rudolf: Eurhythmie und die neue Bewegungs-
kunst der Gegenwart, Rudolf-Steiner-Verlag, Dornach,
ISBN 3727464208

St. John, Robert: Metamorphose – die pränatale Therapie, Synthesis Verlag, Essen

Thich Nhat Hanh: Ich pflanze ein Lächeln – der Weg
der Achtsamkeit, Goldmann, Mchn., 1991, ISBN
3442305721

Tomatis, Alfred: Der Klang des Lebens
Rowohlt TB-V. Rnb.; 1990, ISBN 3499187914

Tomatis, Alfred: Der Klang des Universums
Winkler, Mchn., 1997, ISBN 3538070474

Tomatis, Alfred: Klangwelt Mutterleib
dtv, Mchn. 1999, ISBN 3423361522

Tomatis, Alfred: Das Ohr – die Pforte zum Schulerfolg
Modernes Lernen, Dortmund, 1998, ISBN
3808004142

Tomatis, Alfred: Das Ohr und das Leben
alter-Verlag, Düsseld., 2000, ISBN 3530700134

Paul Behrendt
dondolo-design
Spinnereistr. 7
D-04179 Leipzig

Tel.: +49 341 4980 236
Fax.:+49 341 4980 235

paul@dondolo.com
www.dondolo.com

Diese Wiegeliege vereinigt in sich eine ganze Palette von entspannenden und gesundheitsfördernden Anwendungsmöklichkeiten.
Wenn Du es Dir bequem gemacht hast und deine Augen schließt merkst Du wie jede Deiner Atembewegungen eine sanfte Schwingung erzeugt.

Mit geschlossenen Augen einfach nur dazuliegen und die eigenen feinen Atembewegungen zu beobachten, bringt Dich in einen Zustand der Schwerelosigkeit, da sich durch die minimale Schwingung die Wahrnehmung der eigenen Körpergrenzen verflüchtigt. Innerhalb von Minuten läßt Du deine Sinne wiegen und befindest Dich in deinen Tagträumen.

Diese Stimulation sendet eine Flut von elektrischen Impulsen an das Gehirn, insbesondere an die emotionalen Zentren. Sanfte Bewegungen stimulieren das Lernen, das Wohlbefinden und die Empfänglichkeit für feine Schwingungen. Von der subjektiven Wahrnehmung her gesehen, ist es eine Tatsache, daß solch feine Bewegungen uns recht schnell in andere Bewusstseinsräume bringen.

Drunvalo Melchizedek
Die Blume des Lebens Band 1
228 Seiten, gebunden, DM 48,00
ISBN 3-929512-57-2

Die Blume des Lebens Band 2
240 Seiten, gebunden, DM 48,00
ISBN 3-929512-63-7 Erscheint: Okt. 2000

Es gab einmal eine Zeit, da kannte alles Leben im Universum die Blume des Lebens als das Muster, nach dem sich die Schöpfung vollzog. Sie ist das geometrische Muster, das uns in das physische Dasein hineinführt und wieder aus diesem heraus. Über Tausende von Jahren wurde dieses Geheimnis auf der ganzen Welt in uralten Schöpfungen aus Menschenhand und in Schnitzereien festgehalten, und es findet sich als Code in den Zellen aller Formen von Leben.
Drunvalo Melchizedek präsentiert hier in Worten und Bildern das Mysterium, wie wir entstanden sind, warum die Welt so ist, wie sie ist, und welche subtilen Energien es ermöglichen, dass unser Gewahrsein voll erblüht und seine wahre Schönheit entfaltet. Heilige Geometrie ist die Form, die unserer Existenz zu Grunde liegt und auf eine göttliche Ordnung in unserer Wirklichkeit verweist. Diese Ordnung lässt sich vom unsichtbaren Atom bis zu den unendlichen Sternen verfolgen. Die Informationen in diesen beiden Bänden, das ist ein Weg, doch zwischen den Zeilen und zwischen all den Abbildungen blitzen wahre Juwelen eines weiblichen, intuitiven Verstehens auf.

Die Erfahrungen, die Drunvalo Melchizedek in seinem Leben gemacht hat, lesen sich wie eine Enzyklopädie von Durchbruchserlebnissen im Hinblick auf menschliches Streben. Er studierte an der University of California in Berkeley. In den darauf folgenden 25 Jahren lernte er bei über 70 Lehrern aller Glaubensrichtungen. Dies schenkte ihm großes Wissen, Mitgefühl und Annehmenkönnen. Drunvalo ist nicht nur ein außergewöhnlich brillanter Denker, seine warmherzige Persönlichkeit, seine Liebe zu allem Lebendigem begreift und spürt jeder, der ihm begegnet. Schon seit einiger Zeit vermittelt er durch den Workshop »Die Blume des Lebens« und die Mer-Ka-Ba-Meditation seine weitreichende Vision.

Kryon

Die Reise nach Hause

Paperback, ca. 300 Seiten
DM 38,00 ISBN 3-929512-71-8
erscheint Sept. 2000

In dieser faszinierenden Parabel wird die Geschichte von Michael Thomas erzählt, einem scheinbar gewöhnlichen Mann, der in Minnesota geboren wurde und nun in Los Angeles arbeitet. Er stellt das Abbild des normalen – und unzufriedenen – Amerikaners dar. Nach einem Überfall, der ihn in Todesgefahr bringt, wird Michael von einem weisen Engel besucht und gefragt, was er sich in Wahrheit vom Leben wünscht. Michael antwortet, daß er eigentlich ... NACH HAUSE gehen möchte! Um sein endgültiges Ziel zu erreichen, muß Michael zunächst eine Reihe von Abenteuern und Prüfungen in einem erstaunlichen Land von Engelswesen, weisen Lehrern und finsteren Kreaturen bestehen. Michaels Suche ist so ergreifend, humorvoll und erstaunlich, wie er es sich nie hätte träumen lassen.

Lee Carroll / Jan Tober

Die Indigo Kinder

Paperback, 260 Seiten
DM 34,00, ISBN 3-929512-61-0

Ein Indigo-Kind ist ein Kind, das eine Reihe neuer und ungewöhnlicher psychologischer Merkmale aufweist sowie Verhaltensmuster an den Tag legt, die im allgemeinen aus früheren Zeiten nicht belegt sind. Diese Muster kennzeichnen Faktoren, die so einzigartig sind, daß sie Eltern und Lehrern einen absoluten Kurswechsel beim Umgang mit diesen Kindern und deren Erziehung abverlangen, wenn sie ihnen helfen wollen, ihr inneres Gleichgewicht zu finden und Frustration zu vermeiden. In diesem Band bringen Carrol und Tober einige hochgradig kompetente Fachleute u. a. aus Medizin, Pädagogik und Psychologie zusamen, die einiges Licht auf das Phänomen »Indigokinder« werfen.

Paul Dong / Thomas E. Raffill
Indigo -Schulen

Chinas Trainingsmethoden
für medial begabte Kinder
Paperback, DM 38,00
ISBN 3-929512-62-9 / erscheint Nov. 2000

In Chinas riesiger Bevölkerung hat sich offenbar, bestärkt von der chinesischen Regierung, die eine gewissenhafte Förderung parapsychologischer Forschung betreibt, ein ungewöhnlich hoher Prozentsatz von Kindern mit übersinnlichen Fähigkeiten herausgebildet.
(1) Heiler und Heilerinnen (auch mit Heilerfolgen bei Krebs- und AIDS)
(2) Hellseher und Hellseherinnen (mit der Gabe, Dinge aus der Vergangenheit zu sehen und Zukünftiges vorherzusagen) und
(3) Menschen mit sonstigen übersinnlichen Fähigkeiten (etwa dem Vermögen, fahrende Autos anzuhalten, durch Wände zu gehen, Farben und molekulare Strukturen zu verändern, ferner Telekinese und unbemerktes Fliegenkönnen).
Wie zu erwarten, wurde die chinesische Regierung auf diese Fähigkeiten aufmerksam und wünscht sie für militärische Zwecke zu nutzen.
Der international bekannte Schriftsteller und Redakteur Paul Dong, mittlerweile US-Bürger, geboren 1928 in Canton, China, unterhält auch nach seiner Übersiedlung in die Vereinigten Staaten noch enge Verbindungen mit chinesischen Wissenschaftlerkreisen.

Tom Kenyon / Virginia Essene
Die Hathor Zivilisation

Paperback, DM 34,00
ISBN 3-929512-66-1

Wir sind die Hathors, Meister der Liebe und des Sounds von der aufgestiegenen intergalaktischen Zivilisation. Wir waren im alten Ägypten und Tibet und sind zurückgekommen, um der gegenwärtigen Evolution beizuwohnen. Wir helfen euch die wahre Erdgeschichte zu verstehen, die Bedeutung der DNS, und lehren die Heilenergie übereinzustimmen mit eurer spirituellen Ausrichtung.

Jasmuheen

Lichtnahrung

Paperback, 190 Seiten
DM 34.00, ISBN 3-929512-26-2
6. Auflage

Dieses Buch zeigt uns einen revolutionären Ernährungs- und Lebensweg für das neue Jahrtausend.
Seit 1993 ernährt sich die Australierin Jasmuheen von Licht. Sie beschreibt ihre Erfahrungen aus diesem sehr tiefgreifenden und heilenden Prozeß.
Schwerpunkt dieses Buches ist ein »21-Tage-Prozeß«. Wer ihn durchläuft, kann dadurch einen außergewöhnlichen Zustand des Seins erreichen, der bisher nur Heiligen vorbehalten war.
In Prophezeiungen und Weissagungen wird berichtet, daß wir vor der Zeit der großen Umwälzung Methoden finden werden, uns durch Licht zu ernähren.
Auch in Englisch: »Living On Light«, ISBN 3-929512-35-1

Jasmuheen

In Resonanz

380 Seiten, gebunden, DM 46,00
ISBN 3-929512-28-9
3. Auflage

Jasmuheen studierte 22 Jahre die metaphysischen Resonanzgesetze und vermittelt uns in einer einfachen Sprache ihre tiefgreifenden Einsichten. Schwerpunktthemen sind die Erhöhung der Schwingungsfrequenz, Channeln, Meditation und Fähigkeiten wie Hände auflegen, Hellsichtigkeit, Teleportation und vieles mehr.
Fundierte Informationen und viele praktische und bewährte Techniken setzen einen neuen Maßstab!
Auch in Englisch: »In Resonance«, ISBN 3-929512-36-X

Jasmuheen
Die Botschaft der Aufgestiegenen Meister
Paperback, 240 Seiten
DM 27,00, ISBN 3-929512-52-1

Seit sich Jasmuheen von Prana ernährt, arbeitet sie intensiv mit den Aufgestiegenen Meistern zusammen. Botschaften, die sie in ihren Meditationen erhält, werden in diesem Buch weitergegeben. Mutter Maria, Sananda, Arcturius, Kuthumi und St. Germain sprechen über den geistigen Pfad, spirituelle Psychologie und die Lehren der Aufgestiegenen Meister. Es ist ein praktisches Handbuch, um den Aufstieg zu beschleunigen und enthält sehr viel direktes und klar strukturiertes Wissen aus der geistigen Welt.

Jasmuheen
LICHT BOTSCHAFTER
226 Seiten, Paperback DM 34,00
ISBN 3-929512-59-9

Dies ist ein weiteres Buch zum Thema Lichtnahrung mit vielen neuen Gesichtspunkten und Erkenntnissen.

Seit nunmehr sechs Jahren wird Jasmuheen von der universellen Lebenskraft genährt. Als Botschafterin des Lichts reist sie durch die Welt, um ihre Erfahrungen und Erkenntnisse weiterzugeben. Immer mehr Menschen lassen sich inspirieren und entscheiden sich für ein Leben, in dem sie der Stimme ihres Herzens folgen. Allein in Deutschland, Österreich und Schweiz haben schätzungsweise 3000 Personen den 21tägigen Prozeß zur Umwandlung auf Prana-Nahrung gemacht. Jasmuheen hat per Fragebogen und Internet die Erfahrungen vieler Personen rund um den Globus gesammelt und für dieses Buch zusammengetragen. Nachdem sie in »Lichtnahrung« ihren persönlichen Weg beschrieben hat, geht es diesmal um die weltweite Weiterentwicklung und den globalen Aspekt der Lichtnahrung.

Leonard Orr / Konrad Halbig
Das Rebirthingbuch
Die Kunst des Atmens...
ISBN 3-929512-08-4
Paperback, DM 27,00

Das Standardwerk für Rebirthing und Atemtherapie. Leonard Orr, Begründer von Rebirthing und Konrad Halbig, Rebirthingtrainer, zeigen durch ihre Offenheit, wie sie sich selbst durch Rebirthing heilen konnten und geben Einblick in die Magie des Atems und der Elemente

Leonard Orr/ Konrad Halbig/ Franz Simon
Ende der Sehnsucht
Anleitung zum Leben im Paradies
ISBN 3-929512-07-6
Paperback, DM 19,80

Ein wunderbares Buch über die Lebendigkeit im wahrsten Sinne des Wortes.

Hrsg: Konrad Halbig / Karin Schnellbach

Babaji

In Wahrheit ist es einfach Liebe
ISBN 3-929512-11-4
Paperback, DM 27,00

Babaji ist der große Avatar, der in der »Autobiographie eines Yogi« von Yogananda beschrieben wird. Zuletzt lebte er von 1970 bis 1984 in Indien, an einem Ort der »Kraftvollster Platz des Universums« genannt wird. Auf geheimnisvolle Weise tritt er auch heute mit Menschen in Kontakt. Acht Autoren beschreiben ihre ganz persönliche Begegnung mit Babaji und jede dieser acht Geschichten ist spannend und einzigartig.

Uta Panhof

Gogo der Talisman

oder: wo Wünsche bereits verwirklicht sind
Paperback, 180 Seiten
DM 27,00, ISBN 3-929512-60-2

Gogo ist die bezaubernde Geschichte, in der Belinda mit Hilfe ihres Talismans und dem Wächter ihrer Gedächtnisdatenbank ihr Leben gründlich durchforscht. Multidimensionale Wahrträume und parallele Realitäten lassen nicht nur der Fantasie in ihrem Computergehirn Flügel wachsen. Die Suche nach dem, was hinter den Gedanken wirkt, ist spannend und geht uns alle an.

Felix M. Woschek / Konrad Halbig
Amba - A Love Chant

CD 60 min DM 38,00
ISBN 3-929512-10-6

Eine wunderbare Musik, die direkt das Herz berührt. Gesungen werden heilende Mantras aus Tibet und Indien, die die eigenen Kräfte von Körper, Geist und Seele positiv unterstützen und den Zuhörer mit seinem göttlichen Selbst verbinden.

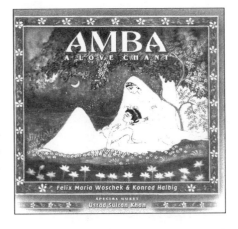

Jasmuheen, Nhanda Devi, K. Halbig, A. Brunnmeier
Tantra - Secret Love

CD 60 min DM 38,00
ISBN 3-929512-27-0

Sinnliche Musik pur! Nhanda Devi singt Jasmuheens Mantra »One Heart, One Mind«, zu dem tantrischen Vajra Sattva und Jasmuheen leitet zu Tao-Yoga-Übungen an. Dann wird die Musik zunehmend tragend und weiträumig und läßt den Hörer weich floaten.

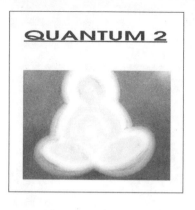

Konrad Halbig
und das Tbilisi Symphonie Orchester
Quantum 2
CD 60 min DM 38,00
ISBN 3-929512-31-9

Quantum 2 ist eine aktive Atemmeditation und reines Vergnügen.

Focali / Halbig / Jauch
Chakra-Breathing
CD 60 min DM 38,00
ISBN 3-929512-49-1

Eine sehr wirkungsvolle und dynamische Sufi-Atemmeditation zur Reinigung aller Chakren.

Jasmuheen
Angelic Harmony
CD 60 min DM 38,00
ISBN 3-929512-53-X

Engels-Chöre und das himmlische Orchester laden ein zu einer Traumreise in feinstoffliche Welten. Musik zum Schweben.